KU-500-665

Tri Chynnig i Blodwen Jones

BETHAN GWANAS

Gomer

Llyfrgelloedd Sir Y Fflint
Flintshire Libraries
2097

SYS   £6.99

WFIC   FL

Rhagfyr 3ydd – dydd Llun

Mi ges i ddiwrnod gwael heddiw. Ac mae annwyd arna i. Mae fy nhrwyn yn biws, fy mhen fel bwced a dw i'n teimlo'n ofnadwy. **Bai** Siôn ydy o. Ddoe, roedd hi'n bwrw glaw ac yn chwythu, y **math** o dywydd i aros i mewn i wylio ffilm. Ond na, roedd Siôn isio mynd i wylio adar. Eto. Dw i ddim yn gwybod pam maen nhw'n galw'r peth yn 'gwylio adar'. Mae 'gwylio coed' yn ddisgrifiad gwell. Neu wylio llyn/môr/mynydd – unrhyw beth ond adar – am **oriau**.

Roedd y daith i'r goedwig yn Sir Fôn yn hir a diflas hefyd, er mai fi oedd yn gyrru. Mae hi bron yn amhosib **cynnal sgwrs** efo Siôn mewn car. Ar ganol **brawddeg**, mae o'n gweld aderyn yn yr awyr/yn y coed/ar **bolyn**, a dyna ni, ta ta. Mae o'n anghofio amdana i, yn anghofio beth roedd o'n ei ddweud, ac yn anghofio am bopeth ond yr aderyn. Ar y dechrau, ro'n i'n meddwl bod y peth yn _sweet_ (dw i ddim yn siŵr a ydy 'melys' yn gywir yma), ond erbyn hyn, mae o'n dechrau mynd ar fy nerfau i.

bai – _fault, blame_	**brawddeg** – _sentence_
math – _kind, type_	**polyn** – _pole_
awr (oriau) – _hour(s)_	
cynnal sgwrs – _to hold a conversation_	

Fuon ni'n cuddio yn y **guddfan** am oriau. Roedd fy nhraed i fel blociau o rew. Roedd fy mysedd i fel . . . (beth ydy *fish fingers*? Bysedd pysgod?) fel bysedd pysgod. (Mae hynny'n **swnio**'n od, ond roedd fy mysedd yn teimlo'n od, felly mae'n gywir.) Ond roedd Siôn mor hapus, do'n i ddim isio **cwyno**. A dw i ddim yn cael siarad beth bynnag, rhag ofn i mi **ddychryn** yr adar. Pa adar? Roedd pob aderyn **call** wedi aros adre i wylio ffilm. Mi fuon ni yno am oriau ac oriau. Ro'n i wedi sgwennu tair nofel, dwy ffilm a rhestr siopa yn fy mhen erbyn i Siôn benderfynu ei bod hi'n rhy dywyll i weld dim. Do'n i ddim wedi gweld unrhyw beth, beth bynnag. Roedd y **sbienddrych** gynno fo bron trwy'r amser.

Dw i'n caru Siôn, ond mae o mor **hunanol** weithiau. Dan ni wedi bod yn gwylio adar bob penwythnos. Wel, bron iawn. Dan ni wedi teithio **milltiroedd**. Fuon ni yng **Nghernyw** fis yn ôl, i weld rhywbeth o'r enw *Baird's Sandpiper*, neu bibydd y bardd. Ond roedd o'n edrych fel pob pibydd arall i mi – rhywbeth gwyn a brown a diflas. Ond dw i ddim isio cwyno, rhag ofn i Siôn fy ngadael i. Pathetig? Ydw. Ond fel 'na dw i'n teimlo. Dw i'n 39 y flwyddyn nesa, ac mae dynion yn **brin**. Mae pawb yn dweud fy mod i'n ferch lwcus iawn i gyfarfod â dyn fel Siôn. Cafodd Mam sioc. *'But he's so good looking!'* meddai.

cuddfan – *hiding-place, hide*	**sbienddrych** – *binoculars*
swnio – *to sound*	**hunanol** – *selfish*
cwyno – *to complain*	**milltir(oedd)** – *mile(s)*
dychryn – *to frighten*	**Cernyw** – *Cornwall*
call – *sensible*	**prin** – *rare*

Hy. Beth? Yn rhy olygus i ferch **blaen** fel fi? Dyna beth oedd hi'n ei feddwl, dw i'n gwybod. *'You'll have to keep on your toes to keep him, Blodwen dear,'* meddai. *'How's the diet going?'* **Ast**.

Dw i'n gwybod fy mod i'n dew, a dw i'n ceisio peidio â bwyta gormod, ond mae hi mor anodd. Pan dw i'n gwylio coed – sori, adar – dim ond siocled sydd yn fy nghadw i i fynd. A chreision. Bwytais i ddiwb cyfan o *Pringles* ddoe – a *Mars bar* ar y ffordd adre yn y car. A bore 'ma, edrychais i yn y **drych**, a gweld – beth ydy *pimple*? Ie, **ploryn** – a gweld ploryn mawr coch ar fy ngên. Wrth gwrs, do'n i ddim yn gallu **gadael llonydd iddo** fo. O na. Allwn i ddim jest rhoi Sudocrem arno fo ac anghofio amdano fo. Na, byth. **Gwasgais** o – yn galed. Ond doedd o ddim yn barod i gael ei wasgu, a rŵan mae gen i bloryn mawr piws fel Cader Idris ar fy ngên, ac mae'n brifo. Ac mae gen i gur pen. O leia mae'r ploryn 'run lliw â fy nhrwyn i.

Ac roedd y car wedi rhewi bore 'ma ac ro'n i'n hwyr i'r gwaith. Ac wedyn, roedd y fan llyfrgell wedi rhewi hefyd, ac erbyn i'r ffenest (beth ydy *defrost*? O, dadrewi. Dw i'n hoffi hynny. Swnio fel rhoi dad mewn rhewgell) – erbyn i'r ffenest ddadrewi, ro'n i'n hwyr iawn. A do'n i ddim yn

plaen – *plain, not good-looking*	**gadael llonydd iddo/iddi** –
gast (yr ast) – *bitch*	*to leave him/her alone*
drych – *mirror*	**gwasgu** – *to squeeze*
ploryn (plorod) – *spot(s),*	
pimple(s)	

gallu gyrru oherwydd y rhew ar y ffordd, felly roedd gen i gwsmeriaid oer a blin iawn drwy'r dydd.

'Doedd Dei byth ar amser, ond doedd o byth mor hwyr â hyn,' meddai un. 'Hyd yn oed mewn eira,' meddai un arall. 'Os ga i ffliw, alla i eich siwio chi,' meddai un hen ddynes flin – a phiws iawn – 'eich bai chi fasai fo, yn gwneud i mi sefyll yn yr **oerfel** am hanner awr, a finnau'n 79. Mae'r peth yn *disgusting. I've a good mind to report you to the council.* Ond dyna fo, be dach chi'n ddisgwyl? *Women drivers . . .*'

Ro'n i isio ei tharo hi ar ei phen gyda *Geiriadur yr Academi* (yr un trwm) ond roedd pobl eraill yn y fan.

A heno, agorais i'r oergell i wneud swper. Ond dim ond hanner jar o *mayonnaise*, tiwb o bast **garlleg** ac un tomato hen iawn oedd yno. Ro'n i wedi anghofio mynd i siopa. Fel arfer, faswn i ddim yn poeni, baswn i'n cael tomato a *mayonnaise* ar dost (a **phecyn** o greision ... a hanner pecyn o *Ritz crackers*) ond mae Siôn yn byw gyda fi rŵan, ac mae o'n ddyn, ac mae o'n hoffi ei swper. A dydy o ddim yn **llysieuwr**. Dw i'n ceisio bod yn **llysieuwraig**, ond bob tro mae dyn yn dod i fy mywyd i, dw i'n bwyta cig. (Dw i ddim yn siŵr beth mae hyn yn ei **olygu**.) Felly es i allan i'r **siop sglods** a phrynu pysgod a sglodion i ni. Roedd Siôn yn hapus iawn.

---

oerfel – *cold(ness)*	**llysieuwr / llysieuwraig** –
garlleg – *garlic*	*vegetarian (masc./fem.)*
pecyn – *packet*	**golygu** – *to mean, to signify*
	siop sglods – *fish and chip shop*

'Grêt,' meddai, 'dw i ddim wedi cael *fish* a *chips* ers amser hir. Oes sos coch 'da ti?' Agorais i'r cwpwrdd. Dim sos coch. Felly mi wnes i roi'r *mayonnaise* iddo fo.

'Mae'n ddrwg 'da fi, Blod,' meddai, 'ond dw i ddim yn hoffi *mayonnaise,* cofio? Dim ots. Oes finegr 'da ti?' Agorais i'r cwpwrdd. Roedd gen i ddau fath o finegr. Finegr gwin coch, a balsamig.

'Ydy un o'r rhain yn iawn?' gofynnais i. Edrychodd o'n rhyfedd arna i, yna **gwgu** ac **ysgwyd** ei ben, a rhoi llawer iawn o halen dros ei sglodion.

'Wyt ti isio pwdin?' gofynnais i, ar ôl iddo fo orffen. Gwenodd o fel bachgen bach drwg.

'Rwyt ti'n ddigon o bwdin i mi, Miss Jones . . .'

Wedyn, ar ôl y 'pwdin', ro'n i'n teimlo'n llawer gwell. Dw i'n hoffi cael dyn yn y tŷ – ar blât, *as it were.* Ond roedd hi'n anodd cusanu gyda thrwyn oedd yn rhedeg fel tap drwy'r amser.

Rhagfyr 4ydd – dydd Mawrth

Mae'r annwyd yn waeth. Dw i'n tisian bob munud, ac mae fy nhrwyn yn brifo. Ond es i i'r gwaith – neu basai Gwen yn cwyno fy mod i'n cymryd diwrnod i ffwrdd am ddim rheswm. Ond wrth gwrs, dw i methu ennill gyda Gwen.

'*Do you have to sneeze so much?*' meddai'n flin. '*Spreading your horrible germs everywhere,* ych a fi.'

---

gwgu – *to frown, to scowl*   **ysgwyd** – *to shake*

Roedd y cwsmeriaid ar y fan yn **twt-twtian** hefyd. Meddai Mrs Phillips, sydd yn 76, ac sydd wedi darllen pob llyfr *Mills & Boon* yn y byd, 'Mae hen bobl fel ni'n *susceptible* iawn i *germs*, **wyddoch chi**. Fi, yn fwy na neb. Newydd gael *plastic hip*. Y peth ola dw i ei angen ydy *infection*. Ddylech chi ddim bod wedi dod i'r gwaith.'

A heno, pan ddaeth Siôn adre, ro'n i'n gobeithio cael fy nyrsio gynno fo. Ond na.

'Dim ond annwyd bach yw e,' meddai, 'cwpl o paracetamols a gwely cynnar a byddi di'n iawn. Reit, dw i **bant** i'r George am un bach. Wela i di wedyn.' Ac i ffwrdd â fo.

Felly dw i wedi mynd i'r gwely, a dw i wedi rhoi Olbas Oil dros y **cas gobennydd**. Mae Siôn yn casáu'r arogl. Ha.

Rhagfyr 5ed – dydd Mercher

Dw i'n teimlo ychydig yn well heddiw. Felly es i i'r wers Gymraeg. Roedd pawb yno fel arfer – Brenda, Jean, Roy, Michelle, Andrew a Menna wrth gwrs, a dyn newydd.

'Gwrandewch bawb,' galwodd Menna, 'mae gen i ddau gyhoeddiad – *announcement*; yn gynta, mae gynnon ni aelod newydd yn y dosbarth am ychydig. Dyma Bob – Bob Smith.'

'Helô,' meddai Bob.

'Helô,' meddai pawb, ac edrych arno fo gyda diddordeb.

---

twt–twtian – *to tut–tut*	**bant** – *off, away*
wyddoch chi – *you know*	**cas gobennydd** – *pillowcase*

Roedd o tua 55, yn gwisgo sbectol, ac yn edrych yn swil iawn.

'Mae tiwtor y dechreuwyr yn sâl, felly mae Bob yn dod aton ni am ychydig,' meddai Menna.

'Ydw,' nodiodd Bob.

'Ble o'ch chi'n byw cyn dod yma?'

'*Pardon?*'

'Ble o'ch chi'n byw ... *live* ... *before coming here?*'

'*Oh yes, um* ... dw i'n byw yn Nottingham.'

'Da iawn,' meddai Menna, '*we'll go over the past tense later on.* Croeso aton ni, Bob. Ac yn awr, yr ail gyhoeddiad ...' Edrychodd hi ar Andrew, a gwenu. Roedd Andrew braidd yn binc, ac yn edrych ar ei esgidiau. Ond roedd Menna'n edrych yn hapus iawn, iawn. 'Cyhoeddiad pwysig iawn,' meddai. '**O'r diwedd**, mae Andrew a fi'n priodi ... ar Ragfyr 22, a dan ni isio i chi i gyd ddod i'r **briodas.**'

'O, *congratulations* – beth ydy hynny yn Gymraeg, Menna?' gofynnodd Jean.

'Llongyfarchiadau' meddai Menna.

'Llongyfarchiadau!' meddai pawb.

'O, gwych!' **gwichiodd** Brenda. 'Dw i isio prynu dillad newydd!'

Roedd pawb yn chwerthin a gwenu ac yn llongyfarch y ddau – **ar wahân i** Bob, oedd yn amlwg ddim yn deall beth oedd yn digwydd; a fi. Do'n i ddim yn gwybod beth

---

o'r diwedd – *at last*	**gwichio** – *to squeak, to squeal*
priodas – *wedding, marriage*	**ar wahân i** – *apart from*

i'w ddweud. Ond es i mewn i *automatic pilot*, gwenu a rhoi cwtsh fach i Menna (mae hi mor denau, gallech chi chwarae telyn ar ei – beth ydy *ribs*? – ei hasennau hi) ac yna troi at Andrew.

'Llongyfarchiadau,' meddwn i, ac **estyn fy llaw**.

'Diolch,' meddai'n dawel (sydd ddim fel Andrew) ac ysgwyd fy llaw.

Ro'n nhw wedi meddwl priodi fis Mai diwetha, ond cafodd Menna draed oer. Roedd hi isio byw gydag Andrew am dipyn i wneud yn siŵr.

'O'r diwedd,' meddwn i.

'Ie. Mae Menna'n credu ein bod ni'n barod y tro hwn.'

Roedd o'n mynd i ddweud rhywbeth arall, ond daeth Menna aton ni.

'Blodwen, wnei di ffafr fawr â ni?'

O diar. Doedd hi ddim yn mynd i ofyn i mi fod yn (beth ydy *bridesmaid*?) – yn forwyn briodas, oedd hi? Dydy ffrils a fi ddim yn mynd yn dda efo'n gilydd.

'Wnei di ofyn i Siôn sgwennu **cerdd** i ni ar gyfer y briodas?'

'Cerdd?'

'Ie, mewn **cynghanedd** os yn bosib.'

'Ym, iawn. Mi wna i ofyn.'

'Diolch. A **phwy a ŵyr** – efallai y bydd o'n sgwennu cerdd i'ch priodas chi cyn hir!'

'O ie. Efallai.'

---

estyn fy llaw – *to reach out my hand*	**cynghanedd** – *strict Welsh poetry metre*
cerdd – *poem*	**pwy a ŵyr** – *who knows*

Ac wedyn cawson ni'r wers. Ond do'n i ddim yn gallu canolbwyntio. Ro'n i'n meddwl am Siôn a fi'n priodi. Mmm. Ro'n i'n hoffi'r syniad. Priodas ddwbl, efallai? Na, mi faswn i isio'r **sylw** i gyd i mi fy hun. Mi fasai Menna hefyd. Beth bynnag, mae Rhagfyr yn rhy oer. Mai neu Mehefin fasai'n neis. Ie. Yr adar yn caru a Siôn a fi'n priodi a gwneud ein **nyth**. Mi fasai popeth yn hyfryd, a fasai fo'n fy helpu i baentio'r nyth a dim ond mynd i wylio adar weithiau. Basai fo'n siŵr o newid ar ôl priodi. A tasai Blodwen/Siôn bach yn cyrraedd, fasai dim amser i ni fynd i wylio *blincin* adar.

Do'n i ddim isio mynd i'r dafarn ar ôl y wers, ond roedd pawb arall yn mynd, felly es i hefyd. A Bob.

Bob druan. Doedd o ddim yn deall neb, a doedd neb yn ei ddeall o. Roedd Brenda'n cwyno:

'Bydd o'n ein cadw ni 'nôl, *it's just not right.*' Ond roedd o'n eistedd yno gyda gwên fawr (a sudd tomato) drwy'r amser, felly roedd hi'n anodd peidio â'i hoffi. Pan adawodd o, gwaeddodd o 'Hwyl!' dros y lle. Ond yn anffodus, roedd ei **ynganu**'n rhyfedd. Dydy o ddim yn gallu dweud yr 'l' yn iawn, na'r 'wy', felly roedd o'n swnio mwy fel '**Hoyw**!' Edrychodd pawb yn **syn** arno fo. Pawb – yn cynnwys y bois rygbi a'r tîm darts. **Gadawodd** Bob, a dechreuodd pawb chwerthin. Bob druan.

sylw – *attention*	**hoyw** – *gay*
nyth – *nest*	**syn** – *astonished, amazed*
ynganu – *to pronounce*	**gadawodd** – *he/she left*

Rhagfyr 7fed – dydd Gwener

Y bore 'ma, dywedais i wrth Siôn am y briodas.

'O, neis iawn,' meddai, a darllen mwy o'i *Bird World*. Doedd o ddim wedi **cynhyrfu** llawer.

'Ac maen nhw isio i ti sgwennu cerdd iddyn nhw.'

'O.'

'Wel? Wyt ti'n mynd i wneud un?'

'Os caf fi amser. O ie, anghofiais i ddweud: dyn ni'n mynd i **noson farddol** fory.'

'Ni?'

'Ie. Mae tri ohonon ni wedi cael gwahoddiad i ddarllen ein cerddi mewn tafarn yng Nghaernarfon.'

Oedd o'n sôn am 'ni' – fi a fo, neu 'ni' – y tri **bardd**? Oedd o isio i mi fynd hefyd?

'Wyt ti isio i mi ddod hefyd?'

'Os wyt ti moyn.'

Beth roedd hynny'n ei feddwl? Dw i'n gwybod mai gair y de am 'isio' ydy 'moyn', ond beth roedd y frawddeg yn ei feddwl? Ei fod o isio i mi aros adre, ond doedd o ddim isio dweud hynny? Ei fod o isio i mi ddod, ond ei fod o'n methu siarad yn syml a dweud 'ydw'? Neu ei fod o'n **dweud y gwir**, a bod croeso i mi ddod os o'n i isio dod? Mae ceisio deall dynion fel gwneud **croesair** y *Times*, weithiau. Ac mae'r cwbl fel *anagrams*. A dw i byth yn gallu gwneud *anagrams*.

cynhyrfu – *to excite*	**dweud y gwir** – *to tell the truth*
noson farddol – *poetry evening*	**croesair** – *crossword*
bardd – *poet*	

'Wyt ti isio i mi ddod?' gofynnais i.

'Wel . . . mi fasai'n braf taset ti'n gallu gyrru . . .' meddai gyda gwên. O, dw i'n deall rŵan. Yr unig reswm mae o isio i mi ddod ydy er mwyn iddo fo gael yfed. Hy!

'Dydy hynny ddim yn deg,' meddwn i. 'Fi sydd yn **gorfod** gyrru bob tro.'

'Dwyt ti byth eisiau yfed.'

'Ydw! Ti sydd byth isio gyrru!'

'O, dw i'n gweld. Ond bydd rhaid i mi gael peint neu ddau cyn perfformio, i setlo'r **nerfau**,' meddai gyda gwên.

'Iawn. Cawn ni dacsi.'

'Yno ac yn ôl? Bydd hynny'n costio ffortiwn!'

'Beth am i ni aros yno 'te?'

'Yng Nghaernarfon?'

'Ie. Pam lai? Mewn gwesty bach neis.'

'Ond fasai hynny'n fwy drud na thacsi!'

'Ond fasai fo'n newid . . . a bacwn ac wy yn y bore . . .'

Bingo. Ro'n i wedi llwyddo. Roedd o'n gwenu. Roedd Mam yn iawn. Dyna'r ffordd i **drin** dynion – siarad am eu stumogau.

'Iawn. Trefna di fe 'te.'

Felly dw i wedi **llogi** ystafell ddwbl *en-suite* i ni ar gyfer nos fory. Dw i'n edrych ymlaen. Bydd hi fel . . . beth ydy *honeymoon*? Mis mêl . . . ooo, dyna neis: Pythefnos ydy o fel arfer dw i'n siŵr. Efallai bod y Cymry'n fwy rhamantus yn y gorffennol, pan ddechreuodd pobl fynd ar fis mêl . . . Ie, efallai y bydd hyn yn fis mêl cyn ein priodas.

---

gorfod – *to have to*	**trin** – *to treat*
nerfau – *nerves*	**llogi** – *to hire*

Dw i newydd ddarllen am y Maldives mewn **cylchgrawn**. A dw i newydd lenwi'r ffurflen gystadlu i ennill gwyliau yno. Mi fasai'r Maldives yn lle hyfryd i gael mis mêl.

Rhagfyr 9fed – dydd Sul

Mis mêl? Mwy o noson *Marmite*. Roedd o'n ofnadwy. Roedd y gwesty'n **drewi** o fresych, ac roedd y gwely'n fach. Gwely dwbl? I ddau **gorrach**, efallai. Ond wnaethon ni ddim **sylweddoli** hynny tan nes ymlaen. Gwell dechrau yn y dechrau:

Cyrhaeddon ni'r dafarn lle roedd Siôn yn perfformio am wyth. Roedd y peth i ddechrau am hanner awr wedi wyth. Ond doedd neb yno am wyth, dim ond Siôn, fi, y **trefnydd** a'r ddynes y tu ôl i'r bar. Am hanner awr wedi wyth, cyrhaeddodd tair **myfyrwraig** ac un hen ddyn. Am chwarter i naw, cyrhaeddodd y ddau fardd arall. Ro'n nhw'n gwenu fel giatiau, yn chwerthin llawer ac roedd eu llygaid yn rhyfedd – yn rowlio yn eu pennau.

'Maen nhw off eu pennau ar rywbeth . . .' meddwn i.

'Wel? Beirdd ydyn nhw,' meddai. 'Cofia am Coleridge a Lord Byron.'

'Be? Wyt ti'n ceisio dweud bod pob bardd yn *drug addict*?'

---

cylchgrawn – *magazine*	**sylweddoli** – *to realise*
drewi – *to stink*	**trefnydd** – *organiser*
corrach – *elf, dwarf*	**myfyrwraig** – female student

'Paid â bod yn wirion. Sut mae, bois, be dych chi moyn?' Ac aeth o i siarad â nhw wrth y bar. Drwy'r nos. Mi fues i'n siarad â'r trefnydd, oedd yn edrych ar ei **oriawr** o hyd, ac yn sylweddoli nad ydy nos Sadwrn yn noson dda i gynnal noson farddol. Am ddeg, penderfynodd o y dylen nhw ddechrau perfformio, er bod y lle bron yn **wag**. Ac erbyn hynny, roedd y tri bardd 'off eu pennau'. Sais oedd un ohonyn nhw, ac roedd ei ffordd o o **adrodd** ei gerddi yn hollol wahanol i'r ddau arall. Roedd **saib** rhwng bob dau air, a phob trydydd gair octcf yn **uwch** na'r **gweddill**.

'Pam fod o'n siarad fel 'na?' gofynnais i i'r trefnydd.

'Fel 'na maen nhw'n perfformio yn Lloegr,' atebodd.

'O. Pam?'

'Dw i ddim yn siŵr. Er mwyn i bobl wybod mai **barddoniaeth** ydy o?'

Hm.

Doedd Siôn ddim yn dda iawn. Roedd o'n mymblan ac yn chwerthin ar ei jôcs ei hun. Roedd gynno fo ffeil o'i gerddi, ond do'n nhw ddim **mewn trefn**. Roedd o'n fflicio 'nôl a mlaen am amser hir yn chwilio am bob cerdd. A dweud y gwir, roedd o braidd yn ddiflas. Ac aeth o ymlaen yn rhy hir. Dw i'n meddwl bod barddoniaeth fel *Banoffee Pie* – blasus iawn mewn darnau bach, ond os dach chi'n bwyta gormod, dach chi byth isio

oriawr – *watch*	**uwch** – *higher*
gwag – *empty*	**gweddill** – *the rest*
adrodd – *to recite*	**barddoniaeth** – *poetry*
saib – *pause*	**mewn trefn** – *in order*

gweld *Banoffee Pie* eto. Ond alla i ddim dweud hynny wrth Siôn.

Ar y diwedd, daeth Siôn ata i a gofyn:

'Wel? Beth ro't ti'n feddwl?'

Dw i'n berson gonest, ac ro'n i wedi cael pump *G&T*, felly ro'n i'n onest iawn.

'Wel, ro't ti'n mymblan tipyn bach a ddylet ti ddim chwerthin ar dy jôcs dy hun. A phan o't ti'n fflicio 'nôl a mlaen am hir rhwng pob cerdd, roedd o braidd yn ddiflas.'

Tawelwch.

'Beth? Ro'n i'n ddiflas?'

'Dim ond weithiau.'

'Ond mae pawb arall yn dweud fy mod i'n dda iawn.'

'O. Wel . . .'

'Wel,' meddai, gan afael yn ei beint, 'mae'n amlwg dy fod ti'n gwybod dim am farddoniaeth.' Ac aeth o 'nôl at y ddau fardd arall. Ac aros yno. Dyna pryd gwnes i gofio un arall o reolau Mam: mae merch i fod i ganmol ei chariad bob amser. O diar. *Blown it again*, Blodwen. Felly ces i dri *G&T* arall. Efallai pedwar, dw i ddim yn cofio.

Ar ôl stop tap, aeth pawb am fwyd Indian. Wel, y tri bardd a fi. A phan ddeallodd y ddau fardd mai dysgwraig o'n i, ro'n nhw'n wahanol. Efallai mai fi sy'n paranoid, ond dw i'n siŵr eu bod nhw wedi colli diddordeb mewn sgwrsio efo fi. Wedyn roedd y tri yn siarad am gynganeddu drwy'r amser, felly bwytais i'r *poppadoms* i gyd tra o'n nhw'n *bullshitting about something* 'o gyswllt' *and* 'proesting', *whatever that is. And when we came back, Siôn was on the*

---

floor, out cold. Yes, I'm too tired and hungover to write in Welsh any more.

Nos da.

Rhagfyr 10fed – nos Lun

Dw i'n teimlo'n well heddiw. Wel, ychydig bach. Does dim llawer mwy i'w ddweud am nos Sadwrn, dim ond bod Siôn wedi cysgu ar y llawr drwy'r nos (roedd hi'n amhosib ei ddeffro), ac erbyn i ni'n dau ddeffro, ro'n ni'n rhy hwyr i gael brecwast. Felly roedd Siôn yn flin. A fi gafodd y bai am beidio â rhoi'r cloc larwm ymlaen. Hy! Felly, na, dim nwci. Dim mis mêl. Dim byd.

A dydy Siôn a finnau ddim wedi siarad llawer heno. Dydy o ddim yn teimlo'n dda, ac mae o wedi mynd i'w wely.

Beirdd . . . pam dw i'n mynd allan gyda beirdd? Dylwn i fod wedi dysgu fy ngwers ar ôl Llew Morgan. Dw i isio **trydanwr** neu blymar y tro nesa. Os bydd tro nesa.

Rhagfyr 11eg – nos Fawrth

Aeth Siôn ddim i'r gwaith heddiw.

'Dw i'n **dost**,' meddai.

'O Siôn,' meddwn i, 'dim ond annwyd ydy o.'

---

trydanwr – *electrician*   **tost** – *ill (south Walian)*

'Mae hyn llawer **gwaeth** nag annwyd – mae'r ffliw arno
i . . . neu efallai taw *meningitis* yw e . . . neu *brain tumour*
neu rywbeth. Dw i'n marw, Blodwen . . .'

Beth ydy *drama queen* yn Gymraeg? Dw i'n gwybod
mai annwyd sydd arno fo. Dynion . . . Roedd Dad bob
amser **yr un** peth – a phob cariad dw i erioed wedi'i gael.
Dydy merched byth yn cael bod mor sâl â dynion.

Felly es i i'r llyfrgell a gadael i Siôn farw.

Roedd o'n dal yn fyw pan ddes i adre, yn gorwedd ar y
soffa, yn ceisio edrych fel Miss Haversham allan o *Great
Expectations*. Ac roedd y llawr yn hancesi papur i gyd. Hy.
O leia pan mae annwyd arna i, dw i'n cael annwyd taclus.

'Wyt ti'n meddwl y dylet ti ffonio'r doctor, Blodwen?'
gofynnodd o. 'Rhag ofn?'

'Rhag ofn beth? Bod gynno fo ddim byd gwell i'w
wneud?' meddwn i. 'Annwyd sydd arnat ti, Siôn! Af i i
wneud Lemsip i ti rŵan.'

'Does dim ar ôl . . .' meddai'n pathetig, 'dw i wedi
cwpla'r bocs.'

'O, Siôn!'

'Ie, dw i'n gwybod. Blodwen . . . ?'

'Ie?'

'Wyt ti'n meddwl ei bod hi'n bosib overdosio ar
Lemsip?'

Honestly. Roedd edrych ar ôl **gafr** yn llai o drafferth
nag edrych ar ôl dyn.

Oer iawn heno. Dw i'n gwisgo fy mhyjamas *flannelette*

gwaeth – *worse*	**cwpla** – *to finish (south Wales)*
yr un – *the same*	**gafr** – *goat*

20

a sanau gwely. Dim pwynt ceisio bod yn **rhywiol** efo dyn sy'n marw.

Rhagfyr 12fed – nos Fercher

Mae Siôn yn well. Pan ddeffrais i'r bore 'ma, roedd o'n cusanu fy nghlust i, a dw i ddim yn dweud ble roedd ei ddwylo fo. Pwy sy'n dweud bod pyjamas *flannelette* ddim yn rhywiol? Ond doedd gen i ddim amser i chwarae, neu faswn i'n hwyr i'r gwaith eto. A bod yn onest, do'n i ddim isio chwarae beth bynnag.

Gwers Gymraeg heno. Roedd Menna'n siarad am y briodas. Drwy'r amser. Cafodd pawb wahoddiad **swyddogol** – a'r rhestr anrhegion. Mae'n rhestr hir iawn. Ac mae'n rhaid bod gan Menna ac Andrew deuluoedd a ffrindiau sydd â **digonedd** o arian. Mae chwaraewr DVD ar y rhestr, a theledu **sgrin lydan**, set barbeciw, gitâr a phabell.

'Mae hyn yn wahanol iawn. Beth ddigwyddodd i lestri te a gwydrau?' gofynnodd Jean.

'Mae gynnon ni ddigon o'r rheiny,' **eglurodd** Menna. 'Mae'r oes wedi newid – *times have changed* – mae Andrew a fi yn ein tridegau, a dan ni wedi prynu'r pethau dan ni eu hangen dros y blynyddoedd. Felly dan ni'n gofyn am *luxury items*.'

'*Luxury* . . . rwyt ti'n dweud wrtha i,' meddai Brenda

rhywiol – *sexy*	**sgrin lydan** – *widescreen*
swyddogol – *official*	**egluro** – *to explain*
digonedd – *plenty*	

dan ei gwynt, 'does dim byd yma o dan £50. Edrych – mae hyd yn oed y dillad gwely yn gorfod bod yn *Egyptian cotton!*'

'Ro'n i isio gofyn i bawb roi arian i ni, er mwyn i ni gael mis mêl yn Mystique,' meddai Menna, 'ond doedd Andrew ddim yn **cytuno** â fi.'

'*I should think so and all!*' sibrydodd Brenda. '*The bloody cheek of it!*' Ond dydy Brenda ddim yn gallu **sibrwd**. Dw i'n meddwl bod Andrew wedi clywed, achos aeth ei wyneb ychydig bach yn goch.

'Ro'n i isio gofyn i bobl dalu i **blannu** coed,' meddai Andrew gyda gwên fach, 'er mwyn **lleddfu** yr holl **niwed ecolegol** y basai ein priodas yn ei **greu**. Petrol yr awyren, y *napkins*, y gwahoddiadau, y —'

'*Pardon?*' gofynnodd Jean.

'*To offset the ecological damage caused by our —*'

'Ond tynnu fy nghoes i oedd o, wrth gwrs!' chwarddodd Menna. Edrychais i ar wyneb Andrew. Dw i ddim yn meddwl mai tynnu coes oedd o. Chwarae teg. Mae Andrew'n ddyn mor . . . beth ydy *considerate*? – ystyriol.

'Mae priodi wedi mynd yn fusnes drud iawn,' meddai Menna.

Ydy, ar gyfer y **gwahoddedigion**, ro'n i isio dweud. Ond ddwedais i ddim byd.

---

dan ei gwynt – *under her breath*	**niwed ecolegol** – *ecological*
cytuno – *to agree*	*damage*
sibrwd – *to whisper*	**creu** – *to create*
plannu – *to plant*	**gwahoddedigion** – *invited guests*
lleddfu – *to soothe, to alleviate*	

Dw i ddim yn gwybod beth i'w gael iddyn nhw. Mae'n beth ofnadwy i'w ddweud, dw i'n gwybod, ond dw i isio prynu rhywbeth i Andrew, nid i Menna.

'Ti sydd isio'r gitâr?' gofynnais i iddo fo.

'Wel . . . ie,' atebodd.

'Do'n i ddim yn gwybod dy fod ti'n gallu chwarae'r gitâr.'

'Dw i ddim. Dim ond tri chord.'

'O. Isio dysgu wyt ti?'

'Ie. A do'n i ddim yn gallu meddwl am unrhyw beth arall ro'n i ei isio. Does gen i ddim diddordeb mewn dillad gwely *Egyptian cotton*, a dw i ddim yn gwybod pwy ydy Trevor Sorbie.'

'Pwy?'

'Yn hollol.'

Do'n i ddim yn deall, ond doedd dim ots. Dw i'n aml ddim yn deall Andrew.

Dyna pam dw i'n ei hoffi o.

'Faint mae gitâr yn ei gostio?' gofynnais i i Roy ar ôl y wers. Mae o'n gwybod popeth am gerddoriaeth.

'Acwstig?'

'Ie, dw i'n meddwl.'

'Wel . . . mae rhai crap yn £60. Mae un da tua £150.'

'Faint?!'

'Gallet ti brynu set o *strings* iddyn nhw. Mae'r rheiny tua £5.'

'Ha ha. Doniol iawn, Roy.'

Dw i ddim yn gwybod beth i'w brynu iddyn nhw. Efallai llyfr *How to be a domestic goddess*. Ond mae Menna'n siŵr o fod yn *domestic goddess* yn barod. A does gen i ddim syniad beth i'w wisgo chwaith. Pam mae'r briodas hon yn creu cymaint o **straen** i mi? Nid fi sy'n priodi.

Yn y dafarn wedyn, roedd Bob yn eistedd wrth fy ymyl i, efo'i sudd tomato a gwên.

'Dach chi'n priodas?' gofynnodd o i mi ar ôl ychydig.

'Fi? Na, Menna ac Andrew sy'n priodi.'

'Ie, na, dw i'n gwybod. Dach chi?'

'Ydw, dw i'n gwybod eu bod nhw'n priodi. Dyma'r gwahoddiad.' A dangosais i'r cerdyn iddo fo.

'Na,' meddai'n amyneddgar, 'dach chi'n priodi?'

'Ydw i'n priodi? Ym . . . na, dim **cynlluniau** ar hyn o bryd.'

'Dw i ddim yn priodi chwaith,' meddai gyda winc – a gwên fawr arall. 'Dach chi isio *drink* arall?'

'Fi? O. Wel . . . iawn. Diolch yn fawr. Hanner o seidr sych, os gweli di'n dda, Bob.'

Gwenodd o, codi, a mynd at y bar.

'Gwell i ti nôl dy gôt, Blodwen,' meddai Jean.

'Fy nghôt? Pam?'

'*I think you've pulled . . .*'

'Beth?! Pwy?'

'Bob, wrth gwrs!' chwarddodd Jean.

'Mae o wedi bod yn gwenu arnat ti drwy'r nos,' meddai Roy.

'Paid â bod yn wirion,' meddwn i, 'mae o'n gwenu ar bawb.'

'Ia, ond dydy o ddim wedi prynu diod i bawb . . .' meddai Brenda.

---

straen – *strain*   **cynllun(iau)** – *plan(s)*

'Dw i ddim yn meddwl ei fod o wedi prynu diod i ti chwaith, Blodwen,' meddai Roy. 'Edrych.'

Edrychodd pawb **i gyfeiriad** y bar. Roedd Bob yn amlwg yn cael **trafferth**.

Roedd o'n pwyntio a **chwifio** a chodi ei lais, tra oedd y dyn y tu ôl i'r bar yn edrych yn wirion arno fo.

'O-o. Af fi i weld beth sy'n bod,' meddai Andrew.

Daeth o 'nôl cyn hir, gyda fy seidr i yn ei law, a Bob efo bochau coch yn ei ddilyn fel ci bach.

'Beth oedd y broblem?' gofynnodd Brenda.

'Problem **ynganiad**,' atebodd Andrew gyda gwên. 'Roedd o'n ceisio gofyn am seidr *sick* . . .'

Bob druan. Roedd o'n edrych yn reit *sick* ei hun.

Rhagfyr 13eg – nos Iau

Dw i wedi cael wythnos ddiflas iawn hyd yma. Mae hi'n bwrw glaw drwy'r amser, felly mae Siôn a fi yn y tŷ o hyd. Ac mae fy nhŷ i'n rhy fach i ddau. Mae Siôn yn dechrau mynd ar fy nerfau i. Mae ei lyfrau a'i ddillad a'i stwff o ym mhobman. Dw i'n baglu dros ei esgidiau o bob tro dw i'n ceisio dod drwy'r drws. Ac mae o'n gadael bagiau te gwlyb ar y *worktop* yn lle eu rhoi yn y bin sbwriel. Pam? Dw i ddim yn deall. A dydy o byth yn glanhau'r bàth ar ei ôl – na'r sinc ar ôl **siafio**. Mae'n **ffiaidd**. Ac mae'r drych

---

i gyfeiriad – *to the direction of*	**ynganiad** – *pronunciation*
trafferth – *trouble*	**siafio** – *to shave*
chwifio – *to wave*	**ffiaidd** – *foul, abhorrent*

yn y stafell ymolchi bob amser yn llawn o smotiau past dannedd. Beth mae o'n ei wneud pan mae o'n glanhau ei ddannedd?! A dydy o byth yn rhoi rholyn newydd o bapur yn y tŷ bach. Ydy o'n meddwl mai **tylwyth teg** y tŷ bach sy'n newid y rholyn bob tro? Hefyd, dydy o byth yn gwneud dim byd **cynhyrfus**. Mae o wedi mynd tipyn yn ddiflas. Mae pawb yn dweud bod angen gweithio ar berthynas. Felly dw i'n ceisio gweithio ar y berthynas yma. Ond pam ydw i'n teimlo mai fi sy'n gwneud y gwaith i gyd?

Ro'n i isio gwylio ffilm heno: *Sleepless in Seattle*. Dw i wrth fy modd efo'r ffilm yna. Ond roedd Siôn isio gwylio'r pêl-droed. Hy. Teledu fi. Sori – na, fy nheledu i. A fy nhŷ i. Felly **tynnais i fy nhafod ar** fy nghariad i (doedd o ddim yn gallu gweld) a mynd i fy llofft i ddarllen *Seren Wen ar Gefndir Gwyn*. Roedd Menna'n meddwl baswn i'n ei hoffi o. Dw i'n meddwl bod Menna'n meddwl fy mod i'n glyfar neu rywbeth, oherwydd dw i ddim yn deall y llyfr o gwbl. Neu efallai ei bod hi'n ceisio gwneud i mi deimlo'n dwp. Na, Blodwen, dydy hynny ddim yn beth neis i'w feddwl. Stopia. Wrth gwrs dydy Menna ddim yn hen ast mor slei â hynny.

O, dw i newydd gofio. Mae Menna'n cael ei pharti cywennod nos fory (dyna ydy *hen night* yn Gymraeg meddai Menna). Ieir bach ifanc ydy cywennod. (Ond dydy'r ieir yma ddim yn ifanc iawn.) Gofynnodd hi i ferched y dosbarth Cymraeg o'n ni isio mynd. Do'n i

---

tylwyth teg – *fairies*
cynhyrfus – *exciting*

tynnu tafod ar – *to stick one's tongue out at*

26

ddim isio mynd o gwbl, dw i ddim yn hoffi pethau fel 'na, ond roedd Brenda a Jean isio mynd, felly roedd hi'n anodd iawn i Michelle a fi **wrthod**. Dan ni'n gorfod bod yn y George nos fory am chwech. Chwech! Ar ôl dod yn ôl o'r gwaith, fydd dim amser i fi gael cawod, gwneud fy ngwallt, gwneud swper, bwyta swper ac **ymbincio**. Bydd rhaid gwneud heb swper, neu beidio â chael cawod. Ond dw i ddim yn hoffi mynd allan heb gael cawod. A dw i ddim yn hoffi yfed heb gael swper chwaith. O diar.

Mae HRH mewn **tymer** rhyfedd. Dw i'n meddwl ei bod hi'n dechrau blino ar Siôn hefyd. Fel **adarwr**, dydy o ddim yn hoff iawn o gathod beth bynnag, felly dydy eu **perthynas** nhw ddim yn wych. Ond dywedais i o'r dechrau: 'Caru fi, caru fy nghath.' Felly roedd o'n gwneud ei orau efo hi. Ac roedd HRH yn bihafio yn **rhyfeddol** o dda. Ond yn ddiweddar, mae hi wedi mynd yn od eto. Un munud, mae hi'n eistedd yn dawel o flaen y tân, a'r munud nesa, mae hi'n rhedeg o gwmpas y tŷ fel ffŵl, yn neidio oddi ar y landing ac yn ceisio dringo'r waliau, gyda **golwg wyllt** yn ei llygaid.

Mae Siôn yn dweud ei bod hi'n *psycho*, neu'n sgitsoffrenig (edrychais i yn y geiriadur) ond dw i'n cofio darllen rhywbeth yn y *Reader's Digest* am hyn un

---

gwrthod – *to refuse*	**perthynas** – *relationship*
ymbincio – *to spruce oneself,*	**rhyfeddol** – *extremely*
to apply make-up	**golwg wyllt** – *wild look*
tymer – *mood*	
adarwr (adarwyr) –	
birdwatcher(s)	

tro. Mae'n debyg bod cathod a dynion yn debyg iawn, a phan mae cath yn mynd yn **wallgof** fel hyn, mae o fel **hwliganiaeth** pêl-droed. Mae dynion a chathod yn **helwyr** naturiol, a phan maen nhw'n byw **bywyd** tawel, llonydd am hir, mae rhywbeth y tu mewn iddyn nhw yn (beth ydy *to explode*?) – yn ffrwydro. Felly mae cathod yn bihafio fel tasen nhw'n mynd i **ymosod ar** lygoden neu rywbeth, ac mae dynion ifanc yn ymosod ar gefnogwyr tîmau pêl-droed eraill. Felly dydy HRH ddim yn *psycho*. Hwligan ydy hi.

Rhagfyr 15ed – bore Sadwrn

Yyyyyy. Dw i ddim yn teimlo'n dda iawn. Dw i wedi bod yn sâl drwy'r nos. Wnes i ddim yfed llawer, gan fy mod i isio mynd i siopa am ddillad y pnawn 'ma. Roedd Menna'n meddwl fy mod i'n yfed *G&T*, ond dŵr oedd o. Wel, weithiau. Na, y *kebab* ges i ddiwedd y noson oedd y drwg, dw i'n meddwl. O diar. Rhaid i mi fynd i'r tŷ bach eto.

Dw i 'nôl, a dw i wedi cael Alka Seltzer arall. Iawn, beth ddigwyddodd neithiwr? O ie, y George am chwech. Roedd tua 15 o ferched yno i gyd, ffrindiau coleg Menna oedd y rhan fwya ohonyn nhw. Ro'n nhw wedi ei gwisgo hi mewn wìg cyrliog pinc, welintyns pinc, pais binc, *veil* a rhoi *ball and chain* am ei choes. (Dw i methu dod o

gwallgof – *crazy*	**bywyd** – *life*
hwliganiaeth – *hooliganism*	**ymosod ar** – *to attack*
helwyr – *hunters*	

28

hyd i *ball and chain* yn y geiriadur. Pêl a tsiaen, efallai?) Roedd hi'n edrych yn wirion, a doedd hi ddim yn hapus. Dydy Menna ddim yn hoffi edrych yn wirion. Roedd hi'n eitha blin a dweud y gwir. Ond roedd ei ffrindiau hi'n **benderfynol**. Ac ar ôl chwech *G&T*, doedd hi ddim yn edrych cweit mor flin.

Beth bynnag, am 6.30, cyrhaeddodd y bws mini. Y **bwriad** oedd taith i Ben Llŷn, gan alw mewn tafarndai ar y ffordd. Ond ar ôl galw ym Mangor, y Felinheli a Chaernarfon, ac aros i 15 merch fynd i'r tŷ bach bob tro, roedd hi'n 10.15, felly doedd dim pwynt symud ymlaen. Felly aethon ni ddim pellach na Chaernarfon. Roedd o leia tri chriw arall yno ar noson cywennod, ac aeth pawb i'r clwb nos. Dw i ddim yn hoffi clybiau nos. Maen nhw'n llawn o ddynion yn edrych ar y merched fel tasen nhw'n ddarnau o **gig**. Ac mae'r merched bron i gyd yn dangos llawer gormod o gig. Roedd rhai'n gwisgo pethau oedd yn edrych fel bicinis. Ac mae hi'n fis Rhagfyr!

Beth bynnag, roedd ffrindiau coleg Menna'n swnllyd iawn (nyrsys ac athrawesau ydyn nhw) ac wedi meddwi'n ofnadwy. Ond roedd Menna'n waeth na neb wrth gwrs. Roedd rhywun wedi **dwyn** y wìg, felly roedd ei gwallt hi'n edrych yn ofnadwy, ac roedd ei **minlliw** hi dros ei hwyneb i gyd. Roedd ei mascara hi wedi rhedeg, felly roedd hi'n edrych fel panda, ac roedd hi wedi disgyn i lawr y grisiau am fod y welintyns yn rhy fawr iddi hi. Ro'n i'n dechrau mwynhau fy hun.

penderfynol – *determined*	**dwyn** – *to steal*
bwriad – *intention*	**minlliw** – *lipstick*
cig – *meat*	

Ond wedyn, daeth plismon i mewn i'r clwb. Dringodd o ar ben y **llwyfan**, a gafael ym meic y DJ. Roedd o'n arestio Menna am fod yn *drunk and disorderly*. Roedd Menna'n edrych yn ofnus iawn – nes i'r plismon ddechrau tynnu ei helmed . . . a'i siaced . . . a'i drowsus. Wedyn roedd hi'n edrych yn **ddryslyd** iawn. *Stripogram* oedd o, wrth gwrs, un **cyhyrog** iawn, ac roedd Menna yn gorfod rhoi olew babi drosto fo – i gyd. Roedd hi wedi dechrau gwenu erbyn hyn, ac yn amlwg yn mwynhau ei hun. Wedyn rhoiodd hi gusan fawr, hir i'r plismon. A dyna'r tro ola i ni ei gweld hi – a'r plismon. Mi fuon ni'n aros yn y bws am hir, ond doedd dim golwg ohoni hi. O diar. Gobeithio ei bod hi'n iawn.

Dw i'n teimlo'n well rŵan. Diolch byth, mae'n rhaid i mi fynd i siopa neu fydd gen i ddim dillad ar gyfer y briodas. Newydd feddwl . . . gobeithio y bydd **priodferch** ar gyfer y briodas . . .

Nos Sadwrn

Es i i Landudno **yn y diwedd**, a dw i wedi prynu dillad ar gyfer y briodas. Siwt: sgert a siaced (*single breasted* – mwy *slimming*) coch, a thop oren. Mae'n swnio braidd yn (beth ydy *bright*?) – llachar, ac ydy, mae o'n llachar. Dw i'n teimlo fel bod yn llachar. Ac mae gen i glustlysau mawr oren

---

llwyfan – *stage*	**priodferch** – *bride*
dryslyd – *confused*	**yn y diwedd** – *in the end*
cyhyrog – *muscular*	

i fatsio. Dim ond un broblem: yr esgidiau. Dw i ddim yn gallu **fforddio** prynu pâr newydd o esgidiau hefyd. Roedd pris y siwt yn ddigon i roi sioc ofnadwy i mi. Felly ar ôl dod yn ôl, fues i'n gwisgo fy esgidiau i gyd, gyda'r siwt, o flaen y drych. Ond do'n i ddim yn gallu penderfynu. Felly gofynnais i Siôn, oedd yn gwylio Bill Oddie ar y teledu.

'Siôn? Pa esgidiau sy'n mynd efo'r siwt yma?'

'Y? Pam wyt ti'n gofyn i mi?'

'Am fod gen ti bâr o lygaid.'

'Wel, dw i ddim yn gwybod ydw i? Dw i ddim yn *expert* ar esgidiau. Tri phâr o esgidiau sydd 'da fi, mae 'da ti o leia tri deg. Merched . . . chi bob amser yn gofyn i ddynion pa esgidiau sy'n mynd 'da beth, a dyn ni byth yn gwybod!'

Hm. Ddylwn i ddim gofyn cwestiynau **dwl** i bobl ddwl. Ond dw i ddim yn gallu penderfynu rhwng y *stilettos* coch a'r fflip fflops oren o hyd. Ond efallai y bydd fflip fflops yn oer ym mis Rhagfyr. Ac mae *stilettos* yn gwneud i mi edrych yn dalach – ac yn fwy tenau. Ond dw i ddim yn gallu cerdded ynddyn nhw'n dda iawn. Ar adegau fel hyn dw i angen Mam.

Mi fues i'n prynu anrhegion Nadolig hefyd. Siwmper golff i Dad a stwff *Clinique* i Mam. Ond dw i ddim yn gwybod beth i'w gael i Siôn. Ro'n i wedi meddwl prynu siwmper golff iddo fo hefyd, ond does gynno fo ddim diddordeb mewn dillad na golff. Alla i ddim prynu offer gwylio adar iddo fo oherwydd bod popeth gynno fo'n barod. Dydy o ddim yn darllen llawer chwaith (dw i'n gweld hyn yn beth rhyfedd iawn gan ei fod yn fardd) a

---

fforddio – *to afford*   **dwl** – silly

dw i ddim yn gallu fforddio'r pethau dw i'n gwybod y basai fo'n eu hoffi: camera digidol, chwaraewr DVD **ayyb**. A beth os ydy rhieni Siôn yn rhoi anrheg i mi? Ddylwn i gael rhywbeth iddyn nhw rhag ofn? Ond beth? Mae'r Nadolig wedi mynd yn niwsans. O, am gael bod yn blentyn eto, pan oedd y Nadolig yn hwyl, yn gynhyrfus ac yn syml. Pan oedd Siôn Corn yn gofalu am anrhegion pawb, pan oedd y *Wizard of Oz* yn newydd (wel, i fi), a phawb yn gadael i fi dynnu'r cracyrs i gyd.

Dw i ddim hyd yn oed yn gwybod ble bydda i ar ddydd Nadolig. Yma efo Siôn? Ond efallai y bydd o isio mynd adre at ei deulu yn y de. A bydd Mam a Dad siŵr o fod yn disgwyl i mi fynd atyn nhw yn Birmingham. Dyna beth sy'n digwydd fel arfer. Gallwn i ofyn iddyn nhw i gyd ddod yma, ond does dim lle. Dim ond lle i Siôn a fi sydd o amgylch y bwrdd bwyd, ac mae'n rhaid symud y soffa er mwyn gwneud hynny! Dw i isio tŷ newydd. Dw i isio bywyd newydd. Ac efallai esgidiau newydd hefyd. A Siôn Corn mawr cryf i ofalu amdana i.

Mae'r Siôn arall yn **chwyrnu** ar y soffa, a'i geg fel **ogof**. Rhywiol iawn . . . Dw i ddim yn siŵr ydw i isio dal ati gyda'r berthynas yma. Mae popeth mor ddiflas.

Does gen i ddim syniad beth ddigwyddodd i Menna, ac mae gen i ofn ffonio. Mae Andrew'n cael ei barti stag heno. Dw i ddim yn siŵr ble. Roy oedd yn trefnu. Ro'n nhw wedi gofyn i Siôn fynd, ond dywedodd o ei fod o'n gweithio (oedd ddim yn wir).

---

ayyb – *etc* **ogof** – *cave*
chwyrnu – *to snore*

'Pam wnest ti **ddweud celwydd?**' gofynnais i wedyn.

'Am fy mod i'n casáu nosweithiau stag.'

'Ond rwyt ti'n mwynhau meddwi.'

'Efo pobl dwi'n eu nabod, a dw i ddim yn nabod y criw yna'n dda iawn.'

Hy. Dydy o ddim wedi ceisio dod i'w nabod nhw. Ac maen nhw'n ffrindiau i mi. Ac es i ar noson cywennod merch sydd ddim yn llawer o ffrind i mi. Efallai y baswn i wedi bod yn hapusach ar y noson stag . . .

Dywedais i wrth Siôn am hanes Menna a'r plismon. Roedd o'n meddwl bod y peth yn ddigri iawn. Ond dydy o ddim yn ddigri. Fasai Andrew'n torri ei galon.

Rhagfyr 16eg – dydd Sul

Doedd heddiw ddim yn ddiflas o gwbl.

Ro'n i'n cysgu'n braf pan ges i fy neffro gan Siôn – am 6.30 y bore. Roedd hi'n dal yn dywyll tu allan, ond dim ots, roedd Siôn isio i ni fynd i wylio adar. Tywydd perffaith meddai fo. Perffaith? Roedd hi'n oer! A sut roedd o'n gallu dweud sut dywydd oedd hi? Doedd yr haul ddim wedi codi. Bron iawn i mi ddweud 'Stwffia dy adar', ond wnes i ddim. Codais i, gwisgais i fy *thermals*, gorffennais i fy mrecwast, gwnes i becyn o frechdanau a fflasg o goffi, ac allan â ni i'r tywyllwch.

'Mae hi'n dywyll,' meddwn i, wrth faglu dros y **ferfa** yn yr ardd.

---

dweud celwydd – *to tell a lie*   **berfa** – *wheelbarrow*

'Fel bol buwch,' cytunodd o. 'Gwylia'r whilber 'na.'

'Y beth?'

'Y whilber.' Do'n i ddim wedi deffro'n iawn. Roedd y gair 'whilber' yn swnio fel **neidr** i mi, neidr **wenwynig**, felly neidiais i, a baglu dros y ferfa eto, a disgyn ar fy mhen-ôl ar y llawr.

'Aw,' meddwn i.

'Blodwen? Beth yn y byd wyt ti'n ei wneud?'

'*More to the point*, beth mae'r whilber yn ei wneud?' gofynnais i. 'Ydy o'n wenwynig?'

'Beth? Y whilber? Blodwen . . . wyt ti'n gall? Pwy glywodd erioed am wilber wenwynig?'

'Ym . . . Siôn?'

'Ie.'

'Beth ydy whilber?'

'Hon, fenyw!' atebodd, gan godi'r ferfa'n ôl ar ei thraed.

'O.' Mae'r geiriau **gog/hwntw** yma'n ddigon i frifo pen dysgwraig, heb sôn am frifo ei phen-ôl. Ac yna rhoiodd Siôn ei law allan i fy helpu yn ôl ar fy nhraed. Hm. Felly roedd o'n codi berfa/whilber cyn codi ei gariad. *Charming*. Ddywedais i ddim gair arall wrtho fo yr holl ffordd i'r guddfan. Dw i ddim yn siŵr lle roedd y guddfan adar – rhywle yn ymyl Dolgellau. Oedd, roedd hi'n bell, a bues i'n cysgu am hanner y siwrnai. Ar ôl cyrraedd, roedd y maes parcio'n dywyll, y llwybr yn dywyll, ac roedd batris y torts yn dechrau marw. Ac roedd hi'n oer iawn, iawn.

---

neidr – *snake*	**gog** – *north Walian (slang)*
gwenwynig – *poisonous*	**hwntw** – *south Walian (slang)*

Beth bynnag, fel ro'n ni'n dringo'r grisiau i'r guddfan, clywson ni sŵn rhyfedd iawn. Beth ydy *to grunt* tybed? Dyma ni – rhochian neu tuchan. Mae 'rhochian' yn swnio fel sŵn mochyn, ond nid sŵn mochyn oedd hwn. Ac nid mochyn oedd yn gwichian chwaith.

'Siôn?' meddwn i'n ofnus. 'Mae rhywbeth yn y guddfan.'

'Ssh,' meddai. 'Efallai bod mochyn daear yno. Maen nhw'n gallu bod yn beryglus iawn.'

'Beth ydy mochyn daear?'

'*Badger*. Aros wrth y goeden acw.' Gafaelodd o mewn darn o bren a tharo ar wal y guddfan, yna, fel rhywun o'r SAS, agorodd y drws yn llydan, a goleuo'r lle gyda'r torts. Trodd y tuchan a'r gwichian yn **sgrechian**. Nid mochyn daear oedd yno, ond dyn a dynes. Rhai pinc iawn. Wel, coch a – beth ydy *sweaty*? – chwyslyd. Wps!

Gadawodd y dyn a'r ddynes yn sydyn iawn. Ceisiodd Siôn a fi **ymddiheuro**, ond roedd hynny'n anodd, am ein bod ni isio chwerthin, ac ro'n nhw isio **dianc**.

Pan glywson ni sŵn car yn gyrru i ffwrdd yn gyflym iawn, iawn, dechreuon ni chwerthin.

'Wel!' meddai Siôn.

'O diar,' meddwn i. '*Embarrassing.*'

'Braidd.'

'Pwy o'n nhw?' meddwn i wedyn. 'O't ti'n eu nabod nhw?'

'Dw i ddim yn gwybod. Do'n i ddim yn edrych ar eu hwynebau nhw.'

---

sgrechian – *to scream*   **dianc** – *to escape, to flee*
ymddiheuro – *to apologise*

'Siôn!'

'Wel! Dwyt ti ddim yn cofio eu hwynebau nhw chwaith, wyt ti?' Roedd o'n iawn, wrth gwrs. Ac ro'n i'n **cochi** wrth gofio beth ro'n i'n ei gofio.

'Rwyt ti'n cochi,' meddai Siôn.

'Sut rwyt ti'n gallu dweud?' gofynnais i. 'Mae hi'n dywyll yma.'

'Dw i'n teimlo'r **tymheredd** yn codi.'

'Ha ha. Doniol iawn.' Edrychais i o amgylch y **cwt pren** gwag tra oedd Siôn yn agor y ffenestri. Hyd yn oed wedi agor y ddwy ffenest hir, denau, roedd y lle'n dal yn dywyll. A doedd dim byd yno, dim ond **meinciau** pren.

'Dydy o ddim yn lle rhamantus iawn i . . . i . . . wneud hynny,' meddwn i.

'O, dw i ddim yn gwybod,' meddai Siôn, 'mae'n dywyll, mae'n dawel. Ac fel arfer, mae'n breifat.'

'Wel, ydy,' meddwn i, a dechrau **crynu** am ryw reswm.

'Wyt ti'n oer, bach?' gofynnodd Siôn. Nodiais i yn y tywyllwch. 'Dere 'ma 'te.' A rhoiodd o ei freichiau amdana i. Mmm. Neis. Neis iawn. Mi fuon ni'n eistedd fel yna ar y fainc am hir.

'Bydd yr holl sŵn yna wedi dychryn yr adar,' meddai Siôn yn araf, wrth chwarae gyda fy ngwallt i.

'Bydd, mae'n siŵr.'

'Does dim pwynt ceisio chwilio amdanyn nhw am dipyn.'

'Na?'

---

cochi – *to blush, to redden*	**mainc (meinciau)** – *bench(es)*
tymheredd – *temperature*	**crynu** – *to shake, to shiver*
cwt pren – *wooden hut, shed*	

'Na.'

'Ym ... be wyt ti'n feddwl dylen ni ei wneud yn y **cyfamser**?' gofynnais i, gan wenu yn y tywyllwch.

'Wel ... mae hi'n dywyll yma, ac yn dawel ...' gwenodd Siôn, gan gusanu fy nghlust yn ysgafn.

'Ydy,' cytunais i, 'ond efallai daw rhywun i mewn.'

'Mae byw ar ochr y dibyn yn hwyl ...' Roedd o'n cusanu fy **ngwddw**.

'Byw ble?'

'Ar ochr y dibyn ... *on the edge of a cliff. Living dangerously ...*'

Gwenodd o arna i. Roedd ei ddannedd yn **sgleinio** yn y tywyllwch. Gwenais i 'nôl, ac yna, ro'n ni'n cusanu'n wyllt. Do'n ni ddim wedi cusanu fel hyn ers misoedd. Ac wedyn ro'n ni'n gwneud llawer mwy na chusanu. Roedd o'n fendigedig. Dw i'n dal i wenu fel giât. Ces i ychydig o sblinters, ond do'n i ddim yn gallu eu teimlo nhw ar y pryd. A ddaeth neb i mewn, diolch byth.

A hanner awr **yn ddiweddarach**, gwelson ni bob math o adar. A hanner awr ar ôl hynny, ces i mwy o sblinters. Ie, diwrnod diddorol iawn ...!

Rhagfyr 17eg – bore Llun

Dw i'n sgwennu hwn ar y fan llyfrgell. Mae dwy o'r cwsmeriaid ffyddlon wedi bod ac wedi mynd a rŵan mae fy silff Catherine Cookson yn wag. Dw i yma am hanner

---

cyfamser – *meantime*	**sgleinio** – *to shine*
gwddw – *neck*	**yn ddiweddarach** – *later*

awr arall, ond does dim golwg o neb. Mae hi'n rhy oer i
hen bobl ddod allan beth bynnag. Felly dw i'n gwrando
ar Shân Cothi ar Radio Cymru. Do'n i ddim yn gallu ei
deall hi llynedd, ond erbyn hyn dw i'n deall bron popeth.
Dylanwad Siôn, mae'n siŵr.

Dw i wedi bod yn meddwl llawer am ddoe. Dw i mewn
cariad eto. A dw i'n teimlo'n **euog** iawn am feddwl bod
Siôn yn berson diflas. Dydy o ddim.

Ond dw i'n dal heb benderfynu beth i'w gael yn anrheg
Nadolig iddo fo.

Help!

O ie, gwelais i Menna ar y stryd yn y dre y bore 'ma.
Felly mae hi'n fyw o hyd.

Nos Lun

Dechreuodd hi fwrw eira wedyn. Dw i ddim wedi gyrru'r
fan mewn eira **o'r blaen**. Ro'n i wedi panicio braidd.
Roedd hi'n anodd gweld y ffordd, ac roedd hi'n **llithrig**
iawn. Ac mae'n **gul** iawn mewn mannau. Ro'n i'n gyrru
'nôl ar 20 milltir yr awr, ac erbyn i mi gyrraedd y llyfrgell,
roedd pawb wedi mynd adre. Ac roedd Gwen wedi rhoi'r
larwm ymlaen. Fel arfer, dydy hyn ddim yn broblem,
dw i'n pwyso'r rhifau **cyfrinachol** i mewn i'r peiriant a
dyna ni. Ond heno, roedd yr eira wedi troi fy mhen yn

---

dylanwad – *influence*	llithrig – *slippery*
euog – *guilty*	cul – *narrow*
o'r blaen – *before*	cyfrinachol – *confidential*

uwd a do'n i ddim yn gallu cofio'r rhif. Felly canodd y larwm. Roedd y sŵn yn ofnadwy. Rhedais i i ffonio rhif cartre Gwen, ond doedd hi ddim yn gallu fy nghlywed i, a do'n i ddim yn gallu ei chlywed hi. Wedyn, cyrhaeddodd yr heddlu. Do'n nhw ddim yn hapus.

Erbyn i mi gyrraedd adre, roedd Siôn wedi blino aros amdana i, ac wedi gwneud swper. Wy a sglodion. Ond nid sglodion popty, o na – sglodion mewn sosban o **saim**. Dw i byth yn ffrio sglodion mewn sosban. Mae'r arogl yn troi fy stumog. A rŵan mae arogl saim ar y llenni, y carped, y soffa, popeth. Ceisiais i beidio â **gwylltio**, ond gwenu a bwyta fy wy a sglodion yn dawel.

Wedyn, tra oedd Siôn yn gwylio pêl-droed eto, gofynnais i oedd o wedi sgwennu cerdd ar gyfer y briodas.

'Pa briodas?'

'Siôn! Y briodas dan ni'n mynd iddi hi ddydd Sadwrn, priodas Andrew a Menna!'

'O ie.'

'Felly dwyt ti ddim wedi sgwennu cerdd, wyt ti?'

'Cywir.'

'O, Siôn! Wnest ti **addo!**'

'Naddo Blodwen, wnes i ddim addo. Dwedais i y baswn i'n ceisio, dyna i gyd.'

'A dwyt ti ddim wedi ceisio, wyt ti?'

'Anghofiais i, iawn?'

Roedd hyn a'r saim, a'r eira, a'r larwm, a'r heddlu'n ormod i mi.

---

uwd – *porridge*	**gwylltio** – *to lose one's temper*
saim – *fat*	**addo** – *to promise*

Dechreuais i grio. Dw i ddim yn hoffi crio, ond weithiau mae'n amhosib peidio. Dydy Siôn ddim yn hoffi fy ngweld i'n crio chwaith. Dydy o byth yn crio, felly dydy o ddim yn deall.

'Blodwen, beth sy'n bod nawr eto?'

'Mff mhh – dw i-mffh-ddim yn-ffmm-gwybod.'

'Paid â bod mor pathetig. **Tyfa lan!**'

'Waaaaaaaah . . .'

Hanner awr a hanner bocs o Kleenex yn ddiweddarach, roedd o wedi addo sgwennu cerdd ar gyfer y briodas. Mae gallu crio'n hawdd yn ddefnyddiol iawn weithiau. (Gobeithio na fydd Siôn byth yn darllen y dyddiadur yma . . .)

Rhagfyr 18fed – nos Fawrth

Dydy Siôn ddim wedi sgwennu cerdd eto. A dw i ddim wedi prynu anrheg iddo fo. Os na fydd o'n sgwennu cerdd – dim anrheg.

Oh my god! Anrheg! Dw i wedi anghofio prynu anrheg priodas! Ac mae'r briodas mewn pedwar diwrnod. Dw i'n teimlo'n sâl. O leia mae'r eira wedi mynd.

---

tyfa lan! – *grow up!*

Rhagfyr 19eg – nos Fercher

Roedd Siôn yn meddwl fy mod i'n poeni am ddim rheswm.

'Does dim rhaid cael anrheg ar y diwrnod, Blodwen.'

'Oes, achos Menna.'

'Dw i ddim yn deall.'

'Mae Menna'n **drefnus**, ac mae hi'n disgwyl i bawb arall fod yn drefnus hefyd'

'Doedd hi ddim yn drefnus iawn **y noson o'r blaen** . . .'

'O, shysh! Ac os nad ydw i'n drefnus, bydd hi'n . . . bydd hi'n . . . beth ydy *looking down her nose at me*?'

'Edrych lawr ei thrwyn, ond —'

'Bydd hi'n edrych lawr ei thrwyn arna i eto – mae hi'n edrych lawr ei thrwyn arna i'n barod.'

'Felly beth ydy'r broblem?'

'Oooo! Dwyt ti ddim yn deall! Ac wyt ti wedi sgwennu cerdd?'

'Dim eto.'

'Does dim rhaid iddi hi fod yn hir!' meddwn i wedyn. 'Faint o linellau sydd mewn **englyn**?'

'Pedair.'

'Wel dyna ni, sgwenna englyn.'

'Dyw hi ddim mor hawdd â hynny, rwyt ti'n gwybod! Dyw e ddim fel limrig.

'Sgwenna fflipin limrig 'te!'

'Falle bydd rhaid i mi.'

---

trefnus – *organised*

y noson o'r blaen – *the other night*

englyn – *four-line verse in strict metre*

'**Paid ti â meiddio.**'

'Wel gwna dy feddwl lan!'

Weithiau, dw i isio defnyddio pen Siôn fel pêl-droed.

Felly es i i'r wers Gymraeg heno yn nerfus iawn. Ro'n i'n gobeithio y basai Menna'n fwy nerfus. Ond na.

'Helô ferched!' meddai wrth Brenda, Jean, Michelle a fi, a'i braich ym mraich Andrew. 'Wedi dod dros nos Sadwrn? Roedd hi'n noson dda!'

'Oedd,' cytunodd pawb yn syth, gan geisio **osgoi** llygaid ein gilydd, a llygaid Andrew.

'Dw i isio gwybod beth ddigwyddodd,' sibrydodd Brenda.

'Paid â gofyn dim!' sibrydodd Jean yn ôl.

'Fasai Menna byth yn gwneud rhywbeth gwirion,' meddai Michelle.

'Dw i ddim yn gwybod,' meddai Brenda, 'mae pawb yn gwneud pethau gwirion ar eu noson cywennod. *Last chance saloon and all that.*'

'Wnes i ddim!' sibrydodd Michelle. 'Es i adre'n sobor erbyn deg o'r gloch ar fy noson cywennod i.'

'Noson grap, felly,' meddai Brenda.

Roedd Roy wedi dod draw aton ni.

'Noson dda nos Sadwrn?' gofynnais i.

'Gwych,' meddai Roy, 'fuon ni wrthi drwy'r dydd a dweud y gwir.'

'Drwy'r dydd? O na . . .'

'Nid yn yfed fel chi, Blodwen, ro'n ni'n llawer mwy . . .

---

paid ti â meiddio – *don't you dare*   **osgoi** – *to avoid*

42

beth ydy *creative*? Creadigol? Ie. Fuon ni'n **ymladd** *paint ball*, rasio *go-karts*, dringo creigiau a phethau fel hynny. Cyfle i Andrew fod yn fachgen bach eto, cyn gorfod tyfu i fyny i fod yn **ddyn priod**, parchus.'

'Beth ydy "parchus?"' gofynnodd Jean.

'*Respectable.*'

'Syniad da. Dylen ni fod wedi chwarae gyda Sindys dw i'n meddwl,' meddai Michelle.

'Paid â bod mor *sexist*,' meddai Brenda. 'Chwarae efo dolis? *Action Men* efallai!'

Do'n i ddim yn gallu peidio â chwerthin o gofio Menna a'i phlismon cyhyrog.

'Blodwen,' galwodd Menna wrth gau'r drws, 'ydy Siôn wedi sgwennu cerdd i ni?'

'Ym . . . mae'n dal i weithio arni hi,' meddwn i'n gyflym iawn. 'Ydy popeth yn iawn ar gyfer y briodas? (Yn gyflymach fyth.) Wyt ti'n meddwl bydd y tywydd yn iawn? Mae mwy o eira ar y ffordd medden nhw. Efallai y cei di *white wedding* go iawn!'

'Gobeithio ddim,' meddai, 'dw i'n casáu eira. Bydd y gerdd yn barod erbyn dydd Sadwrn, gobeithio?'

'O, bydd.'

'Addo?'

'Ym . . . addo.' Ast. Dw i'n gobeithio y bydd hi'n bwrw eira'n drwm iawn, iawn. A dw i'n **gweddïo** y bydd Siôn wedi gorffen y gerdd.

Roedd Bob yn hwyr i'r wers.

---

ymladd – *to fight*   **gweddïo** – *to pray*
dyn priod – *married man*

'Mae'n ddrwg gen i *to be so* hwyr,' meddai, 'ces i **ryw** ar y car.'

'Www! *Naughty!*' chwarddodd Brenda.

'Gest ti *frozen buttocks*?!' chwarddodd Andrew.

Bob druan. Doedd o ddim yn deall pam fod pawb yn chwerthin.

'**Rhew**,' eglurodd Menna, 'rhew ydy'r gair.'

'*But that's what I said,*' meddai Bob yn drist.

Mae tiwtor y dechreuwyr yn dal yn sâl, felly bydd Bob gyda ni am dipyn eto. Ond dan ni wedi arfer efo fo rŵan.

O ie, roedd dysgwr newydd arall yn y wers heno. Mike Williams. Dyn lleol tua 45 oed, sydd wedi byw yma **ar hyd** ei fywyd. Ond dydy o erioed wedi siarad Cymraeg, er bod ei dad yn Gymro Cymraeg. Dw i ddim yn deall sut mae pobl yn gallu byw ynghanol Eryri heb siarad gair o Gymraeg. Ond mae o'n siarad Saesneg gydag acen Gymreig, ac mae o'n dweud pethau fel 'Nain' a 'Taid' ac '*any chance of a* panad?'

'Dw i'n deall lot,' meddai, '*but I've always had problems speaking it.*'

'Pam?' gofynnodd Roy.

'*Dunno really. Because we always –*'

'Cymraeg os gwelwch yn dda, Mike,' meddai Menna.

'*Oh aye, sorry.* Achos dan ni byth yn siarad Cymraeg yn y tŷ, *I suppose*; roedd Mam yn dod o Birkenhead, ac wedyn yn yr ysgol wnes i ddim *really bothero*, na?'

'Ond pam rwyt ti isio dysgu rŵan?' gofynnodd Andrew.

---

rhyw – *sex*   **ar hyd** – *throughout*

rhew – *ice*

'Achos dw i'n teimlo – *what's guilty*?'

'Euog,' meddai Menna.

'*Yeah*, achos dw i'n teimlo'n euog. Dw i'n *north Walian*, *so I should* siarad Cymraeg. Dw i'n Gymro, a dw i isio teimlo fel *proper* Cymro. Ac mae *kids* fi'n mynd i ysgol Gymraeg rŵan. A dw i'n *fed up* o bobl yn fy ngalw i'n Sais. Dw i ddim yn Sais!'

'Yn hollol,' meddai Roy, 'dw i'n dod o Abertawe'n wreiddiol, a dechreuais i ddysgu Cymraeg yno. Ond pan ddes i i weithio yn y gogledd, roedd pawb yn meddwl mai Sais o'n i. Na, "Cymro di-Gymraeg" meddwn i. "*Same thing*" medden nhw. Ro'n i'n teimlo fel **rhoi'r gorau i** ddysgu Cymraeg wedyn. Mae o bron fel *league tables*, pwy ydy'r Cymro gorau, a dw i ar y gwaelod.'

'Ie, rwyt ti'n teimlo – beth yw *what's the point*?' gofynnodd Mike.

'Beth ydy'r pwynt,' meddai Menna.

'Ie, rwyt ti'n teimlo "beth ydy'r pwynt?" '

'Dw i'n teimlo fel yna gyda Gwen yn y llyfrgell,' meddwn i. 'Dw i'n gallu siarad Cymraeg yn eitha da rŵan, ond mae hi'n dal i siarad Saesneg efo fi. Ac mae rhai o'r cwsmeriaid yr un peth.'

'*Soul destroying*, yntydy?' meddai Mike.

'Mae o'n *really* trist,' meddai Brenda, 'mae pawb yn cwyno bod yr iaith Gymraeg yn marw, ond pan dan ni'n ceisio siarad Cymraeg â nhw, maen nhw'n siarad Saesneg.'

'Ac mae pob gair Saesneg yn **hoelen** arall yn y *coffin* Cymraeg . . .' meddai Andrew.

---

rhoi'r gorau i – *to give up, to stop*   **hoelen** – *nail*

'Arch,' **cywirodd** Menna.

'Dydy pawb ddim yn troi i Saesneg!' **protestiodd** Jean.

'*Oh come on* Jean, ychydig iawn sydd – beth ydy *have the patience*, Menna?' gofynnodd Michelle.

'Ychydig iawn sydd â'r amynedd.'

'O ie. Ychydig iawn sydd â'r amynedd i siarad Cymraeg efo ni. Mae fy mam yng nghyfraith i'n waeth na neb, ond hi fasai'r gynta i gwyno tasai ei – beth ydy *grandchildren*?'

'Wyrion,' meddai Andrew cyn i Menna agor ei cheg.

'Andrew!' gwylltiodd Michelle. 'Dw i ddim yn wirion, reit! Dw i'n ceisio siarad yn gall yma . . .'

'Wyrion ydy *grandchildren*,' chwarddodd Andrew.

'O.' Cochodd Michelle, 'Mae'n ddrwg gen i. Beth bynnag, ble ro'n i? O ie, hi fasai'r gynta i gwyno tasai'r wyrion ddim yn gallu siarad Cymraeg. A dyna pam dw i'n ceisio dysgu! Mae'r peth yn gwneud i fi **ferwi** . . .'

'Y pwynt ydy,' meddai Andrew, 'pryd mae dysgwr yn stopio bod yn ddysgwr?'

'Does neb byth yn stopio dysgu mewn bywyd,' meddai Jean.

'A "Cymry Cymraeg o ddewis" dan ni rŵan,' meddai Roy, '*nice idea, shame about the syllables.*'

'Ie, ond ydw i'n mynd i fod yn "Ddysgwr gyda *capital D*" am byth?' protestiodd Andrew. 'Dw i ddim yn Gymro, Sais o Birmingham ydw i, ond dw i wedi dewis byw yma, a dw i isio i fy mhlant i fod yn Gymry Cymraeg.

cywiro – *to correct*	**berwi** – *to boil*
protestio – *to protest*	

Ond pryd ydw i'n mynd i fod yn "Rhywun sydd wedi dysgu Cymraeg"?'

'Pan fyddi di wedi colli'r acen *Brummy* ofnadwy yna,' meddai Brenda.

'Hy! Beth amdanat ti, *Miss South Downs*!'

'Iawn, wel, dyna sgwrs ddifyr iawn,' meddai Menna, 'felly croeso i ti, Mike, a gobeithio y byddi di'n hapus gyda ni yn y dosbarth.'

'Diolch,' gwenodd Mike.

Ar ddiwedd y wers, roedd Andrew isio i mi ddod i'r George, ond dywedais i fod gen i ormod o waith. Dw i ddim yn gallu dweud celwydd, felly dw i ddim isio iddo fo ofyn cwestiynau am nos Wener.

Rhagfyr 20fed – nos Iau

Dw i wedi penderfynu prynu llawer o bethau bach i Siôn, yn lle un anrheg mawr. A dw i'n mynd i roi popeth mewn hosan fawr goch gyda Siôn Corn arni hi.

Ydy, mae'n naff, ond mae'r Nadolig yn naff. (Ydy naff yn air Cymraeg? Mae dau 'f' ynddo fo . . .) Felly amser cinio heddiw, fues i'n prynu anrhegion bach. Yn y fferyllfa, prynais i **rasal** a Resolve; yn y siop bapurau, prynais i feiros da, bar mawr o *Fruit & Nut*, a pheth chwythu bybls; yn y siop ddillad, prynais i sanau tew a thrôns tenau (*thong* a dweud y gwir. Dw i ddim yn siŵr a fydd o'n hoffi'r *thong*. Dyn *boxers* ydy o); yn *Threshers*, prynais i botelaid fach o

---

rasal – *razor*

wisgi, ac yn y siop lyfrau, prynais i lyfrau bach o gerddi R. Williams Parry a Waldo Williams, a llyfr Saesneg o'r enw *Jonathan Livingston Seagull* gan Richard Bach am ei fod o'n sôn am aderyn. Mae hwnnw o fy mlaen i rŵan. Hm. Mae o wedi gwerthu dros filiwn o gopïau. Mae wedi ei **ailgyhoeddi** 45 o weithiau. Mae'n rhaid ei fod o'n dda. Does dim byd ar y teledu, felly dw i'n mynd i ddarllen hwn.

Dw i ddim yn gwybod lle mae Siôn. Yn sgwennu cerdd, gobeithio.

Rhagfyr 21ain – bore Gwener

Darllenais i *Jonathan Livingston Seagull* i gyd. A dw i'n meddwl ei fod o'n wych. Mae'n alegori am fywyd, am bobl sy'n gwneud eu **rheolau** eu hunain, sy'n gwybod bod mwy i fywyd na **dilyn y drefn**. Ac mae'n sôn am **wylanod**. Bydd Siôn wrth ei fodd.

O ie, Siôn. Daeth o 'nôl yn hwyr iawn neithiwr, chwarter wedi hanner nos. Roedd o wedi cyfarfod criw o adarwyr eraill oedd wedi bod ar **Ynys Lawd**. Roedd o wedi meddwi. Fuodd o'n sâl yn y tŷ bach. Y bore 'ma, fues i'n glanhau'r *pebbledash effect*. Ie, fi, nid Siôn. Ond do'n i ddim yn poeni, achos dw i'n ei garu fo. A dw i'n siŵr y basai fo'n gwneud yr un peth i mi.

---

ailgyhoeddi – *to republish*, to *reprint*	**gwylan(od)** – *seagull(s)*
	Ynys Lawd – *South Stack*
rheolau – *rules*	*(a place near Holyhead famous*
dilyn y drefn – *to follow the rules*	*for its birds)*

Gofynnais i oedd o wedi gorffen y gerdd, ond gwnaeth o sŵn 'isio bod yn sâl' eto. Dw i'n siŵr y bydd o wedi ei gorffen hi erbyn fory.

O ie, fory: y briodas. Dw i wedi penderfynu gwisgo'r *stilettos*. Wedi'r cwbl, bydda i'n eistedd yn y briodas. Eistedd yn y capel, ac eistedd wrth y bwrdd bwyd. Fydda i ddim yn gorfod cerdded llawer. Ac mae merched yn gorfod – beth ydy *suffer*? O ie – diodde, i fod yn brydferth.

Dw i ddim wedi prynu anrheg priodas eto, ond gwelais i hysbyseb am gitâr yn y papur newydd y bore 'ma. £45. Bangor. Ffoniais y rhif yn syth. Dw i'n mynd i'w weld o amser cinio.

Pnawn Gwener

Myfyriwr oedd yn gwerthu'r gitâr. Un acwstig. Roedd o angen yr arian er mwyn prynu anrhegion a theithio adre i Norwich ar gyfer y Nadolig. Mae bywyd mor anodd i fyfyrwyr y dyddiau hyn. Mi ges i grant llawn i fynd i Goleg y **Llyfrgellwyr** yn Aberystwyth. Ond do'n i ddim yn mynd allan yn aml iawn. Ro'n i'n **hogan** dda. Wel, ar wahân i'r parti yna yn WAC – y Welsh Agricultural College – y coleg **amaethyddol**. Dyna'r tro cynta i mi gyfarfod ffermwyr. A dyna'r tro cynta i mi gael fy nghneifio. Y tro cynta hefyd i mi glywed y gair. *To shear* ydy cneifio. Gêm wirion oedd hi, lle ro'n nhw'n esgus mai defaid o'n ni, y llyfrgellwyr

myfyriwr – *male student*	**hogan** – *girl (north Wales)*
llyfrgellwyr – *librarians*	**amaethyddol** – *agricultural*

49

bach swil. Ro'n nhw'n wyllt iawn, ac roedd y bachgen oedd yn fy 'nghneifio' i'n fwy gwyllt na neb. O Lansannan dw i'n meddwl. Roedd bechgyn Llansannan i gyd yn wyllt. Beth bynnag, roedd o'n *embarrassing* iawn, oherwydd fy mod i'n gwisgo sgert. Ro'n i'n *mortified*. Ond ro'n i wedi cael tri lager siandi a do'n i ddim yn sobor iawn. O diar, dw i'n dechrau cofio mwy, a dw i'n cochi.

Beth bynnag, roedd y gitâr yn edrych yn neis iawn, felly mi wnes i roi £45 i'r myfyriwr, a rŵan, mae popeth gen i ar gyfer fory: dillad, esgidiau, anrheg . . . a cherdd, gobeithio.

Nos Wener – hanner nos

Dydy Siôn ddim wedi dod adre. A dydy o ddim wedi ffonio i ddweud lle mae o. Gobeithio nad ydy o wedi cyfarfod mwy o adarwyr. Ond beth os ydy o wedi cael damwain? Dw i ddim yn siŵr oedd o'n ffit i yrru i'r gwaith heddiw.

Mae rhywun wedi bod yn ceisio ffonio, ond maen nhw'n rhoi'r ffôn i lawr pan dw i'n ateb. Mae o wedi digwydd pedair gwaith rŵan. Efallai mai Siôn ydy o, ond pam nad ydy o'n dweud unrhyw beth? Dw i wedi **deialu** 1471, ond mae o'n rhif *withheld*.

12.30

Ffoniais i Ysbyty Gwynedd rhag ofn, ond does neb tebyg i Siôn yn yr **uned ddamweiniau**.

---

deialu – *to dial*	**uned ddamweiniau** – *accident unit*

1.00

Dw i ddim yn gallu cysgu. Dw i'n poeni'n fawr iawn rŵan. Beth os ydy o wedi disgyn oddi ar ryw **glogwyn**, wrth geisio gwylio adar? Beth os does neb yn gwybod ei fod o wedi cael damwain, a'i fod o'n **gwaedu i farwolaeth** yn rhywle, yn rhy wan i **weiddi** am help? Os nad ydy o 'nôl mewn hanner awr, dw i'n mynd i ffonio'r heddlu.

1.35

Ffoniais i'r heddlu. Dw i wedi rhoi rhif y car iddyn nhw, ac maen nhw'n mynd i wneud **ymholiadau.**

Dw i'n teimlo'n sâl, dw i'n poeni gymaint. Os ydy o wedi marw, wna i byth **faddau** i mi fy hun. Dw i'n caru Siôn, dw i isio cael ei blant o, ac os ydy o wedi marw, dw i isio marw hefyd.

2.45

Mae'r heddlu newydd ffonio. Mae'r car wedi parcio y tu allan i dŷ ym Mangor, ac mae sŵn parti yn y tŷ.

Dw i'n mynd i'w **ladd** o.

Rhagfyr 22ain – bore Sadwrn, 8.30

Wnes i ddim cysgu llawer. Mi fues i'n meddwl am Siôn efo myfyrwraig ifanc heb *cellulite*.

clogwyn – *cliff*	**ymholiadau** – *enquiries*
gwaedu i farwolaeth – *to bleed* *to death*	**maddau** – *to forgive*
	lladd – *to kill*
gweiddi – *to shout*	

Mae o newydd ddod adre. Ro'n i yn y gegin. Gwelodd o fy wyneb i, aeth o'n syth i'r gawod, ac mae o'n dal yno. Babi. **Bradwr**. Bastard. Dw i wedi gwylltio cymaint, dw i ddim yn gallu siarad. Mae'r briodas am un o'r gloch, dan ni i fod i fynd yno fel dau gariad hapus, ond dw i ddim isio mynd rŵan. Sut gallwn ni fynd? Dw i ddim isio siarad efo fo. Dw i isio mynd drosto fo efo Jac Codi Baw – a rifyrsio wedyn.

Dw i'n teimlo ac yn edrych yn ofnadwy. Mae gen i fagiau fel sachau o datws o dan fy llygaid ac mae fy ngwallt fel gwallt **gwrach**. Dw i wedi cael chwe mỳg o goffi a dw i isio bod yn sâl. Dw i ddim yn mynd i'r briodas. Dw i'n mynd i aros yma yn y tŷ – ond mae Siôn yn gadael. Dw i'n mynd i roi ei ddillad, ei lyfrau, ei **offer gwylio adar** – popeth – mewn bagiau a'u taflu drwy'r ffenest.

Nadolig Llawen, Siôn Prys.

Rhagfyr 23ain – nos Sul

Dw i ddim yn siŵr lle i ddechrau. Mae cymaint wedi digwydd ers bore ddoe.

Gwell i mi ddechrau yn y dechrau:

Pan ddaeth Siôn allan o'r gawod, ro'n i'n **taflu** bag bin mawr drwy'r ffenest.

---

bradwr – *traitor*	**taflu** – *to throw*
gwrach – *witch*	
offer gwylio adar – *birdwatching*	
equipment	

'Beth rwyt ti'n ei wneud?' gofynnodd o.

'Dy daflu di allan,' meddwn i, a gafael mewn bag arall.

'Fy stwff i sydd yn y bagiau hyn?' gofynnodd o'n dawel.

'Wel dw i ddim yn taflu fy stwff i allan, ydw i? Dw i'n aros, rwyt ti'n mynd.'

'O. Dw i'n gweld. Ond lle ydw i'n mynd i fynd?'

'Dim ots gen i! Dw i byth isio dy weld ti eto!' Ro'n i bron iawn â chrio. Ac roedd o'n gallu gweld hyn.

'Blodwen, eistedd i lawr am funud . . .'

'Na! Dw i ddim isio eistedd i lawr! Dw i isio i ti fynd!'

'Heb roi **cyfle** i mi egluro?'

'Ie!'

'Dyw hynny ddim yn deg iawn.'

'Dim ots gen i! Oedd neithiwr yn deg? Nac oedd. Ro'n i'n poeni amdanat ti, Siôn! Ffoniais i'r ysbyty, yr heddlu, pawb! Ac ro't ti mewn parti, a dy dafod di i lawr gwddw myfyrwraig heb *cellulite!*'

'Beth?!'

'Dw i ddim yn dwp, Siôn, a dw i ddim isio clywed y **manylion**. Dos at dy *bit of fluff* – does dim ots gen i o gwbl!'

Ro'n i'n crio erbyn hyn, ac yn cael trafferth gweld y bagiau bin. **Baglais** i dros un ohonyn nhw a tharo fy ngên ar sil y ffenest. Aw. Roedd fy ngên yn brifo – yn brifo'n ofnadwy.

'Blodwen? Wyt ti'n iawn?'

---

cyfle – *opportunity, chance*   **baglu** – *to trip, to stumble*
manylion – *details*

'Nac ydw! Dos o 'ma!'

'Blodwen, gad i mi weld . . .' Helpodd o fi i godi ac edrychodd o ar fy ngên yn ofalus. 'O diar.'

'Beth?'

'Mae dy ên di'n goch iawn, iawn. Dw i'n meddwl ei bod hi'n mynd i droi'n ddu . . . rhaid i ni roi iâ arni hi – glou.'

Pum munud yn ddiweddarach, ro'n i'n gorwedd ar y soffa gyda bag o rew ar fy ngên, ac roedd Siôn yn ceisio egluro. Do'n i ddim isio gwrando, ond eto, ro'n i isio hefyd. Dywedodd o mai gyda'r adarwyr oedd o, criw gwallgof o Leeds, ac aeth un peint yn ddau, yna'n bump, wyth, deg, ac wedyn roedd o **allan ohoni**'n llwyr.

'Pan gyrhaeddon ni'r parti es i i gysgu ar y soffa, a dyna fe. Do'n nhw ddim yn gallu fy neffro i. Rwyt ti'n gwybod sut un ydw i pan dw i wedi cael gormod.'

O, ydw.

'Felly does dim myfyrwraig, onest. Dim ond ti dw i moyn, Blodwen. Ac mae'n wirioneddol ddrwg gyda fi am neithiwr. Dylwn i fod wedi ffonio, a dw i'n ymddiheuro. Wnei di faddau i mi plis?'

Do'n i ddim yn siŵr. Roedd hyn yn rhy hawdd. Ro'n i isio gwneud iddo fo ddiodde. Ond roedd o'n edrych mor ifanc, mor **ddiniwed**. Ac roedd o wedi dechrau cusanu fy ngwddw i.

'Wyt ti wedi sgwennu'r gerdd eto?' gofynnais i.

'Sgwenna i rywbeth nawr, dw i'n addo. Wel, yn y munud . . .'

---

allan ohoni – *out of it*   **diniwed** – *innocent*

Felly, gan fod amser mor brin, gwnes i faddau iddo fo. Ac wedyn ro'n ni'n dau angen cawod eto.

Ar ôl iddo fo nôl y bagiau o'r ardd (roedd y cymdogion yn edrych arno fo'n ddryslyd iawn) aeth o i'r gegin – 'I **gyfansoddi** cerdd **fythgofiadwy**,' meddai.

Es i at y drych i edrych ar fy ngên. Roedd Siôn yn iawn. Roedd hi'n troi'n ddu – ac yn **chwyddo**.

Erbyn hanner dydd, roedd Siôn wedi gorffen y gerdd, ac ro'n ni'n dau wedi gwisgo'n barod ar gyfer y briodas. Roedd o'n edrych yn smart iawn yn ei siwt, fel Huw Edwards ar y Newyddion, ac ro'n i'n edrych fel ... fel Jimmy Hill mewn drag. Roedd fy ngên wedi chwyddo a throi'n ddu iawn ac roedd hi'n edrych fel **barf**, dim ots faint o *foundation* ro'n i'n ei roi arni hi. Ro'n i isio crio eto.

'Blodwen, dyw e ddim yn rhy ffôl. Rwyt ti'n edrych yn ffantastig,' meddai Siôn. 'Mae coch ac oren yn dy siwto di.'

'O, diolch i ti, Siôn.'

'Ond dw i ddim yn rhy siŵr am y farf ...'

'Siôn!'

'Dim ond tynnu dy goes di, fenyw; nawr dere. Neu fyddwn ni'n hwyr.'

Ro'n ni wedi cyrraedd y ffordd fawr, ac yna cofiais i:

'Siôn! Stopia!'

Emergency stop.

'Beth nawr?!'

'Dw i wedi anghofio'r gitâr ...'

Erbyn i ni gyrraedd y capel, doedd dim lle i barcio.

---

cyfansoddi – *to compose*   **chwyddo** – *to swell*

bythgofiadwy – *unforgettable*   **barf** – *beard*

Felly bu'n rhaid i ni barcio filltiroedd i ffwrdd. Wel, o leia un filltir, ac yna cerdded – yn gyflym – i'r capel. Yn y glaw. A fi mewn *stilettos*. Ar ôl **canllath**, roedd fy nhraed i'n sgrechian.

'Siôn, dw i ddim yn gallu cerdded.'

'Dw i ddim yn synnu. Pam benderfynaist ti wisgo esgidiau mor **hurt** yn y lle cynta?'

Brathais i fy nhafod. Hanner canllath arall.

'Siôn? Wyt ti'n gallu rhoi *piggy-back* i mi?'

'Beth?! Dw i ddim yn Hercules rwyt ti'n gwybod, a dwyt ti ddim yn Twiggy chwaith.'

'Paid â gweiddi arna i! Arnat ti mai'r bai!'

'Beth? Am dy sgidiau di?'

'Fy mod i'n edrych fel Jimmy Hill, ein bod ni'n hwyr, fy mod i'n *stressed to the eyeballs!* Rwyt ti newydd ofyn i mi faddau i ti, rwyt ti newydd ddweud mai fi ydy'r unig ferch i ti, a rŵan rwyt ti'n gas efo fi eto!'

'Dw i ddim yn gas —'

'Wyt! Rwyt ti'n *horrible, mean sod!*'

'Beth? Achos dywedais i dy fod ti ddim yn Twiggy?!'

'Y ffordd y dywedaist ti o, Siôn!'

'**Yffach**, rwyt ti'n sensitif.'

'Ydw, Siôn, ac mae fy nhraed i'n sensitif hefyd . . .' Ro'n i'n dechrau crio eto. O na, fy *mascara* . . . Edrychodd Siôn yn drist arna i, yna ysgwyd ei ben a fy **nghofleidio** i'n dynn.

---

canllath – *hundred yards*	**yffach** – *mild swear word (lit. hell)*
hurt – *stupid, foolish*	**cofleidio** – *to hug, to embrace*

'Blodwen, rwyt ti'n hollol wallgof, a dyna pam dw i'n dy garu di gymaint.'

Caru? Oedd o wedi dweud y gair 'caru?' Oedd, a dechreuais i grio eto.

'Blodwen . . . dy *fascara* di . . . mae e dros y lle i gyd . . .' Tynnodd o hances allan o'i boced a glanhau fy wyneb. 'Mae'n ddrwg gyda fi, iawn? Nawr dere, neu bydd y briodas wedi gorffen.'

Penderfynais i gerdded gweddill y ffordd heb esgidiau. Roedd hynny bron yn fwy poenus, ac roedd gwaelod fy sgert i'n **gwlychu**. Ac roedd fy ngên i'n dal i frifo, ond ro'n ni'n cerdded law yn llaw, yn y glaw, felly doedd dim ots.

Erbyn i ni gyrraedd y capel, ro'n ni'n chwysu fel dau fochyn, felly ro'n ni'n wlyb o'r tu mewn a'r tu allan. Ond o leia ro'n ni wedi cyrraedd – mewn un darn – ac efo'n gilydd. Ond doedd dim llawer o le ar ôl i eistedd. Ro'n ni'n gorfod gwasgu i mewn i le bach iawn, a doedd y ddynes smart wrth fy ochr i ddim yn hapus bod fy nillad gwlyb i'n gwlychu ei dillad hi. Ac roedd hi'n edrych yn rhyfedd iawn ar fy ngên i.

Beth bynnag, roedd y gwasanaeth yn hyfryd. Roedd Andrew'n edrych yn *stunning*. Ac yn ofnus. Roy oedd y **gwas priodas**, ac roedd o'n troi rownd ac yn gwenu drwy'r amser. Yna daeth Menna i mewn. Roedd hi'n edrych yn eitha tlws. Tipyn gormod o ffrils yn fy marn i, ac roedd ei **cholur** hi'n rhy oren. Ond roedd hi'n edrych yn denau, wrth gwrs. A doedd hi ddim yn ofnus o gwbl. Roedd hi'n

---

gwlychu – *to get wet*	colur – *make-up*
gwas priodas – *best man (wedding)*	

adrodd y geiriau'n glir iawn, ond roedd Andrew druan yn baglu dros bopeth.

'Yr wyf . . . yr wyf fi, Andrew Mi-Mi-Milton—'

Milton?! meddyliais i. Y bardd?

'Yr wyf fi, Andrew Milton Mo – Morton, yn yn yn yn dy gymryd ti M-M-M —'

'Menna,' meddai Menna. Ac roedd clustiau Andrew wedi troi'n biws.

'Ia. M-Menna Chwefrorwen —'

Chwefrorwen?! Sŵn chwerthin yn y **gynulleidfa**. Siôn yn un. Rhoiais i gic iddo fo.

'Menna Chwefrorwen Lloyd-Williams, yn wra-wra-wra –'

Yn wrach? meddyliais i. **Addas** iawn.

'Yn wraig briod, gyf-gyf-gyfreithl-**gyfreithlon** i mi.'

Roedd ei lais o'n rhyfedd iawn. Doedd o ddim yn edrych yn hapus o gwbl. A phan ddywedodd y gweinidog eu bod nhw'n ŵr a gwraig, aeth (dw i isio dweud *a sigh of relief – aha*, dyma ni) – ochenaid o ryddhad drwy'r capel. Ac yn ystod yr **emyn**, fues i'n **breuddwydio** am Siôn a fi'n sefyll lle roedd Andrew a Menna, a Siôn yn addo fy ngharu i am byth. Ond wedyn, y tu allan i'r capel, pan oedd pawb yn tynnu lluniau o'r pâr hapus, dywedodd Siôn:

'Doedd e ddim yn swnio'n hapus iawn, oedd e?'

'Pwy?'

---

cynulleidfa – *audience*   **emyn** – *hymn*

addas – *appropriate*   **breuddwydio** – *to dream*

cyfreithlon – *lawful, legal*

'Andrew. Ond dyna fe, pa ddyn fasai'n hapus i **gaethiwo** ei hun fel yna?'

Ddywedais i ddim byd.

Ymlaen â ni i'r gwesty am y bwyd. Ro'n i'n teimlo braidd yn wirion yn cerdded i mewn gyda gitâr mewn **papur lapio** melyn a **ruban** mawr pinc. Mi wnes i roi o ar y bwrdd gyda'r anrhegion eraill. Wedyn es i i'r tŷ bach i roi *plasters* ar y **pothelli** oedd ar fy nhraed.

Mi fuodd pawb yn y bar am oriau'n disgwyl i'r tynnu lluniau orffen. Roedd ambell hen ewythr wedi meddwi braidd erbyn iddyn nhw ddod 'nôl. Ces i ddau *G&T* mawr. Wedyn, roedd pawb yn gorfod sefyll mewn ciw i **gyfarch** y pâr priod. Rhoiais i sws i Andrew. Ro'n i'n teimlo braidd yn *embarrassed*. Do'n i erioed wedi rhoi sws iddo fo o'r blaen.

'Llongyfarchiadau,' meddwn i.

'Diolch. Ti nesa?' gwenodd o.

'Nesa i beth?'

'Priodi!'

'Dw i ddim yn credu!' chwarddodd Siôn y tu ôl i mi. Clywodd Menna hyn, a chwerthin, a chwerthin eto pan welodd hi fy ngên i. Ast. Wedyn ro'n i'n gorfod rhoi sws iddi hi hefyd. Ych.

Roedd y bwyd yn neis iawn. Roedd popeth yn Gymreig – y cawl, y cig oen a'r caws. Roedd hyd yn oed

caethiwo – *to enslave*	**pothell(i)** – *blister(s)*
papur lapio – *wrapping paper*	**cyfarch** – *to greet*
ruban – *ribbon*	

poteli cwrw Blodeuwedd ar gael. Ro'n i'n meddwl bod hyn yn hyfryd, nes i mi weld *Flower Face* ar y label. Dydy *Flower Face* ddim yn swnio'n iawn o gwbl. Roedd o'n f'**atgoffa** fi o hufen iâ *Funny Face*, a dydy Blodeuwedd ddim yn *funny*. Ond roedd o'n gwrw cryf, a chyn hir, doedd fy nhraed i na fy ngên i ddim mor boenus.

Wedyn, dechreuodd yr **areithiau**. Siaradodd tad Menna am amser hir, a'i hewythr hi, a'r gweinidog, a'i ffrindiau coleg hi. Roedd tad Andrew wedi meddwi, a dywedodd o jôc anffodus iawn am '*An Englishman, a Scotsman and a Welshman*'. A jôc arall am ferched Cymreig. Do'n nhw ddim yn ddigri, yn enwedig mewn ystafell o Gymry Cymraeg oedd i gyd yn **aelodau** o Blaid Cymru/Cymdeithas yr Iaith/Yes Cymru, yn dibynnu ar eu hoed. Ond diolch byth, roedd araith Andrew'n dda iawn. Diolchodd o i Menna am ddysgu Cymraeg iddo fo, a dywedodd tasai fo ddim wedi dechrau dysgu Cymraeg, fasai fo ddim wedi cyfarfod y ferch roedd o'n ei charu.

Wedyn gofynnodd Roy, y gwas priodas, i'r **Prifardd** Siôn Prys godi ar ei draed i adrodd y gerdd roedd o wedi'i sgwennu'n arbennig ar gyfer Andrew a Menna. Ro'n i mor **falch** ohono fo. Roedd y merched i gyd yn edrych arna i gyda llygaid gwyrdd. Prifardd? A phrifardd mor olygus? Waw! Ac yna, dechreuodd Siôn adrodd ei gerdd:

---

atgoffa – *to remind*	**Prifardd** – *Chief poet*
areithiau – *speeches*	**balch** – *proud*
aelod(au) – *member(s)*	

I Menna ac Andrew

Daw **eryr** fu'n **adara** – at ei goed,
    at ei goed lle setla;
cans aeth un aderyn da
am un o'r enw Menna.

Esmwyth fydd byd heb blismyn – rhoi **helynt**
    yr **heliwr** dan **gorcyn**.
Daw oriau **hedd** ond, er hyn,
daw awr i'r hen aderyn.

Do'n i ddim yn deall yr englynion yn dda iawn, ond ro'n i'n deall y gair 'plismyn'. Roedd pawb fu ar noson cywennod Menna'n deall hefyd, a dechreuodd ambell un chwerthin. Edrychais i ar Menna. Roedd hi'n edrych yn flin. Clywais i rywun o deulu Menna'n dweud:

'Do'n nhw ddim yn dda iawn, o'n nhw? A beth oedd hynna am blismyn?'

Ro'n i isio marw. Neu o leia **ddiflannu** i rywle pell. Basai Menna'n fy lladd i. Ond ro'n i'n mynd i ladd Siôn yn gynta.

Diolch byth, cododd Roy ar ei draed yn syth, a dweud cwpl o jôcs a gofyn i bawb godi eu gwydrau i'r **morynion**.

eryr – *eagle*	**heliwr** – *hunter*
adara – *to hunt or catch birds*	**corcyn** – *cork*
cans – *because*	**hedd** – *peace*
esmwyth – *smooth*	**diflannu** – *to disappear*
helynt – *trouble*	**morynion** – *bridesmaids*

Felly, ar ôl **jòch** arall o siampên, roedd y rhan fwya o bobl wedi anghofio am yr englynion yn syth. Ond nid Menna. Ro'n i'n gallu teimlo ei llygaid hi'n gwneud **twll** mawr yn fy mhen.

'Siôn, oedd rhaid i ti sôn am y plismon?' meddwn i'n flin.

'Roedd hi'n ei **haeddu** o,' atebodd, 'a'i bai hi oedd o am ofyn i mi sgwennu cerdd iddi hi yn y lle cynta.'

Ro'n i isio mynd adre, ond roedd Siôn a fi wedi yfed gormod i yrru, a doedd y tacsi ddim yn cyrraedd am saith awr arall.

Felly mi fues i'n ceisio osgoi Menna drwy'r nos. Er ei bod hi'n oer iawn, es i allan i'r ardd. Roedd mainc yno, felly eisteddais i arni hi, a thynnu fy sgidiau. Roedd y pothelli ar fy nhraed yn boenus eto. Cyn hir, clywais i rywun yn cerdded ar y llwybr tuag ata i.

'Blod?'

Andrew oedd o. Roedd o'n swagro'n araf tuag ata i, gyda gwydr siampên yn un llaw, a sigarét a photel siampên yn y llall.

'Helô, Andrew.'

'Beth rwyt ti'n ei wneud allan yma ar dy ben dy hun?'

'Ym . . . cuddio. Beth rwyt ti'n ei wneud?'

'Cuddio. Fel rwyt ti'n gwybod, dydy Menna ddim yn hoffi fy ngweld i'n ysmygu, ond ro'n i'n marw isio ffàg. *Shift up, petal.*'

---

jòch – *draught, gulp, small amount (of liquid)*

twll – *hole*

haeddu – *to deserve*

Felly gwnes i le iddo fo ar y fainc. Edrychodd y ddau ohonon ni ar y **sêr** heb ddweud dim am dipyn.

'Wel . . .' meddwn i yn y diwedd, 'sut mae'n teimlo i fod yn ŵr priod?'

'O, Blod,' **ochneidiodd** Andrew, '*if I had a penny for* . . . ro'n i'n meddwl y baset ti'n gallu meddwl am rywbeth mwy . . . beth ydy *original*?'

'Gwreiddiol.'

'Rhywbeth mwy gwreiddiol na hynny. Mae pawb wedi gofyn hynny i mi!'

'Mae'n ddrwg gen i, ond dw i ddim yn teimlo'n wreiddiol iawn.'

'*Fair enough.*'

'Wel? Beth oedd dy ateb di bob tro ro't ti'n clywed y cwestiwn?'

Cymerodd o jòch arall o siampên.

'Dw i ddim yn cofio.'

'O. Wyt ti wedi cael diwrnod da, 'te?'

'Ydw, *I suppose.* Wyt ti isio siampên? Gelli di gael y gwydr, dw i'n hapus efo'r botel.'

Felly sipiais i o'r gwydr, ac yfodd o o'r botel.

'Mae'n ddrwg gen i am yr englynion.'

'Paid â phoeni. Ro'n i'n meddwl bod y peth yn *bloody hilarious.*'

'O't ti?'

'Roedd hi wedi dweud wrtha i am y plismon.'

'Oedd hi?' Mae'n rhaid bod gynnyn nhw berthynas onest iawn, meddyliais i.

---

sêr – *stars*   **ochneidio** – *to sigh*

'Ie, ei fod o wedi rhoi rhybudd iddi hi am fod yn *drunk and disorderly*. Dw i'n meddwl bod hynny'n ddigri iawn. Weithiau mae Menna yn diodde o – beth ydy *sense of humour deficiency*?'

'Ym . . . dw i ddim yn siŵr. **Prinder** synnwyr digrifwch?'

'*Whatever,* ond mae hi'n gallu bod yn *anal* iawn – wna i ddim gofyn i ti beth ydy hynny – a dyna pam dan ni'n gwpl mor dda – pan mae hi'n *anal*, dw i'n gallu rhoi cic i fyny'r *anus* iddi hi.'

'Andrew!'

Chwarddodd o, ac yfed mwy o'r siampên. Roedd o'n amlwg wedi meddwi. Ac roedd yn amlwg nad oedd Menna wedi dweud popeth wrtho fo.

Fuon ni'n dau'n edrych ar y sêr eto am rai munudau, wedyn stwmpiodd Andrew ei sigarét allan yn y **borfa**, a **thywallt** mwy o siampên i fy ngwydryn i, ac yfed mwy ei hun.

'Blod?'

'Ie?'

'O't ti'n hoffi fy araith i?'

'Mmm. Roedd hi'n hyfryd, mor onest.'

'Wel, oedd, roedd hi'n onest iawn, mewn ffordd. Rwyt ti'n gwybod y darn pan ddywedais i "taswn i ddim wedi dechrau dysgu Cymraeg . . ." '

'Faset ti ddim wedi cyfarfod â Menna . . .'

'Na, Blod, nid dyna beth ddywedais i.'

'Wel, ie!'

---

prinder – *shortage, scarcity*   **tywallt** – *to pour*
porfa – *grass*

'Na. Beth ddywedais i oedd "y ferch dw i'n ei charu".'

'Sef Menna!'

'Na. Nid Menna. Ti, Blodwen.'

Tawelwch. Do'n i ddim wedi deall yn syth, ond wedyn, yn araf, ro'n i'n dechrau sylweddoli beth oedd o wedi'i ddweud.

'Fi?'

'Ie. Ti dw i wedi caru drwy'r amser, ond doedd gen ti ddim diddordeb ynddo i, felly penderfynais i fynd am *second best.*'

'Beth? Ond . . . ond dw i'n dy gofio di'n dweud . . . yn y George . . . fis Mawrth . . . dwedaist ti dy fod ti mewn cariad efo hi.'

'Ro'n i mor hapus bod rhywun yn fy ffansïo i. Aeth o i fy mhen i.'

'Fel y siampên. Yr alcohol sy'n siarad rŵan.'

'Na, fi, Andrew Milton Morton, sy'n siarad. Ac ro'n i angen yr alcohol i gael y gỳts i ddweud hyn wrthot ti.'

'Ond pam rwyt ti isio dweud wrtha i? Ar noson dy briodas?!'

'Triais i dy ffonio di neithiwr. Ro'n i isio dweud fy mod i dy isio di, nid Menna, a'i bod hi ddim yn rhy hwyr i ni fynd i ffwrdd i Gretna Green neu rywbeth. Ond bob tro ro'n i'n clywed dy lais di, ro'n i'n rhoi'r ffôn i lawr. Roedd gormod o ofn arna i.'

'Ti oedd o!'

'Ie. Mae'n ddrwg gen i am hynny. *Pre-wedding nerves.* Mae'n ddrwg gen i am hyn hefyd, ond ro'n i jest isio dweud wrthot ti . . .'

'Andrew . . .'

'Ond rwyt ti mewn cariad efo Siôn beth bynnag, felly doedd dim gobaith i mi. *C'est la vie*. Ond mae'n well fel hyn. Dw i'n eitha hapus. Bydd Menna'n wraig dda i mi, a bydda i'n ŵr da iddi hi, ond bydda i wastad mewn cariad efo ti, Blodwen.'

Edrychodd o i fy wyneb i am y tro cynta, a gwnaeth fy stumog i *triple back somersault*. Roedd o mor hardd, roedd y ffordd roedd o'n edrych arna i'n (*I don't know how to describe it*) – ro'n i isio ei gusanu o.

Ond yna, daeth rhywun allan o'r gwesty.

'Andrew? Ble rwyt ti? Mae'n rhaid i ni ddechrau'r **dawnsio gwerin**! Andrew?!'

Menna oedd hi. Cododd Andrew ar ei draed, rhoi sws ar fy nhalcen, codi bys at ei wefusau, a mynd yn **sigledig** i gyfeiriad llais Menna.

'*Coming*, cariad! Cadw dy wallt arno . . .'

'O, Andrew!' meddai llais blin Menna. 'Ble rwyt ti wedi bod?

'Yn siarad efo'r *fairy* yng ngwaelod yr ardd, *my precious. Gorgeous thing, she was.*'

'Rwyt ti wedi meddwi! Rwyt ti wastad yn dechrau siarad Saesneg pan wyt ti wedi meddwi!'

'Menna . . . rho hosan ynddi hi, a thyrd i ddawnsio gwirion.' A diflannodd y lleisiau i mewn i'r gwesty.

Eisteddais i yno am amser hir, mewn sioc. Wedyn sylweddolais i fod Andrew wedi gadael y botel siampên ar ôl.

Dw i ddim yn cofio llawer am weddill y noson.

---

dawnsio gwerin – *folk dancing*   **sigledig** – *unsteady (on one's feet)*

Dywedodd Siôn fy mod i wedi hedfan i mewn i ganol y dawnsio gwerin fel corwynt *(tornado* ydy hynny) yn dweud mai fi oedd y tylwyth teg yng ngwaelod yr ardd. Mi fues i'n dawnsio fel peth gwirion am ddeg munud, wedyn syrthiais i gysgu o dan y bwrdd. A bu'n rhaid i Siôn fy hanner cario i mewn i'r tacsi.

Do'n i ddim yn teimlo'n dda iawn pan ddeffrais i'r bore 'ma. Roedd fy ngên i'n waeth, ac roedd fy nhraed i'n boenus iawn. Dw i byth yn mynd i yfed siampên eto.

Dw i'n methu **credu** beth ddywedodd Andrew. Dw i'n methu credu sut ro'n i'n teimlo chwaith. Diolch byth eu bod nhw wedi mynd ar eu mis mêl. Fydd dim rhaid i mi weld Andrew na Menna am bythefnos arall.

Dw i ddim yn gallu credu faint dw i wedi sgwennu heno. Mae fy mhen a fy llaw'n brifo. Dw i'n mynd i'r gwely.

Rhagfyr 27ain – nos Iau

A dyna'r Nadolig drosodd. Dw i'n pwyso o leia hanner stôn yn fwy a dw i byth isio gweld **cnau** Brazil na mins peis eto. Es i adre at Mam a Dad yn Birmingham noswyl Nadolig, ac aeth Siôn adre at ei deulu o. Ro'n i wedi meddwl mynd efo Siôn, ond pan ffoniais i Mam, aeth hi'n *hysterical*.

'What do you mean you're not coming over for Christmas?! I've already stuffed the turkey and your stocking and made

---

credu – *to believe*   **cnau** – *nuts*

your bed and everything! You can't leave me alone with
your da for Christmas!'

Felly doedd gen i ddim dewis. Ffoniais i Siôn ar ôl y
cinio Nadolig. Ro'n ni wedi mynd â'r anrhegion efo ni.

'Diolch am y clustdlysau,' meddwn i. Roedd o wedi rhoi
rhai aur i mi, ond dw i byth yn gwisgo aur, dim ond arian.
O wel. Bydd rhaid i mi wisgo aur rŵan.

'Croeso,' meddai, 'a diolch am bopeth ges i! Rwyt ti
wedi bod yn brysur.'

'Ie, wel. Oedd popeth yn iawn? Wyt ti wedi trio'r
thong?'

'Dyna beth oedd e! Roedd Tad-cu'n credu taw rhyw
fath o sling oedd e.'

'Ha ha. A beth am y llyfrau?'

'Grêt. Dw i wrth fy modd gyda cherdd Waldo: "Pa
eisiau dim hapusach na byd yr aderyn bach . . ." '

'A beth am *Jonathan Livingston Seagull*? Mae o'n wych,
yntydy?!'

'Wel . . .'

'Beth? Dwyt ti ddim yn ei hoffi o?'

'Blodwen . . . adarwr ydw i. Ac mae'r llyfr yna'n jôc i ni
adarwyr. Mae'n amhosib i unrhyw adarwr gwerth ei halen
gymryd y llyfr yna **o ddifri**.'

'Ond . . . ond mae o mor farddonol . . .'

'Gwranda, hyd yn oed taswn i moyn mynd yn gosmig
ac alegorïaidd a ***pseudo*-rwtshaidd** am allu anhygoel adar
i hedfan, pam dewis gwylan? Maen nhw'n adar hyll, blin

---

o ddifri – *seriously*   ***pseudo*-rwtshaidd** – *pseudo-*
                                  nonsensical

sy'n byw ar **domennydd sbwriel!** A beth bynnag – pa fath o wylan ydy hi? Fel y dywedodd Bill Oddie, os oedd hi'n Jonathan Livingston-Second Winter Lesser Black-backed Gull, iawn! Mae jest dweud "Seagull" yn fy ngwylltio i, mae'n ddrwg gyda fi.'

'O. Dw i'n gweld.'

'Gwranda, ga i dy ffono di 'nôl nes ymlaen? Dw i'n gorfod mynd mas.'

'Iawn.'

'Hwyl 'te.'

'Hwyl.' A rhoiodd o'r ffôn i lawr. Doedd o ddim hyd yn oed wedi dweud 'Nadolig llawen'. Ac er i mi aros ac aros am yr alwad ffôn 'nes ymlaen', chlywais i ddim byd. Dyna pam bwytais i **fasgedaid** gyfan o gnau Brazil, a phecyn o *Bombay Mix*, a thair mins pei. A gwylio *Zulu* – eto.

Dw i'n gwybod fy mod i'n wirion, ond dw i'n siomedig nad ydy o wedi mwynhau *Jonathan Livingston Seagull*. O wel. O leia roedd Mam a Dad wedi hoffi eu hanrhegion. Mi ges i lyfr garddio Alan Titchmarsh gan dad, fydd yn ddefnyddiol iawn. Mae gynno fo luniau o **chwyn**, fel fy mod i'n gallu dweud pa flodau sydd yn chwyn. Ac mae'r rhan fwyaf o'r chwyn yna yn fy ngardd i. A gan Mam mi ges i grys nos. Wel, mae'n anodd ei ddisgrifio fel crys nos. Dydy o ddim fel crys. Mae o'n fwy tebyg i (beth ydy *petticoat*?) – pais, mae'n fwy tebyg i bais. Un ddu, fer, denau (tryloyw ydy *see-through* dw i'n meddwl)...efo label Ann Summers. Mae hi'n ofnadwy, a baswn i'n edrych

tomennydd sbwriel – *rubbish tips*	**basgedaid** – *basketful*
	chwyn – *weeds*

yn ffiaidd ynddi hi. Syniad Mam o gadw diddordeb dyn. *'Nobody said it was easy, keeping your man,'* meddai. *'We have to use every trick in the book, love; some more than others.'* (Gyda phwyslais ar y *'some'*.) Diolch, Mam. Ond dw i (a'r dyn sydd gen i) yn hapus iawn efo fy nghrys-T Pooh Bear.

A sôn am y dyn sydd gen i, dim ond unwaith wnaeth o fy ffonio tra o'n i yn Birmingham. Ddoe oedd hynny, i ddweud na fydd o'n cyrraedd heddiw wedi'r cwbl. Mae o wedi mynd i wylio adar. Rhywun wedi gweld aderyn **anghyffredin** yn Sir Benfro.

Rhagfyr 28ain – nos Wener

Dim golwg o Siôn. A dydy o ddim wedi ffonio.

Gwylio'r teledu a bwyta cnau drwy'r dydd. Dw i isio mynd allan, ond does gen i neb i fynd allan efo nhw. Mae Andrew'n dal ar ei fis mêl a dydy Brenda na Jean na Roy ddim yn ateb y ffôn. Mae pawb ond fi allan yn cael amser da. **Sgwn i** sut hwyl mae Andrew a Menna'n ei gael yn Barbados? Gwych, mae'n siŵr.

Dw i'n mynd i gael bath, golchi fy ngwallt, siafio fy nghoesau a gwasgu fy *blackheads*.

---

anghyffredin – *unusual, uncommon*

sgwn i – *I wonder*

Rhagfyr 29ain – nos Sadwrn

Ffoniodd Siôn y bore 'ma i ddweud ei fod o ar ei ffordd, ac y basai fo yma erbyn amser cinio. Cyrhaeddodd o am bump. Ddywedais i ddim byd.

Mae gynno fo bloryn mawr piws ar ei drwyn ac mae o angen torri ei wallt.

Dydy o ddim yn edrych yn olygus iawn.

Mi fuon ni yn y George. Roedd y lle'n llawn, ond roedd hi'n noson ddiflas. Wel, i fi. Roedd Siôn yn siarad â phawb ond fi drwy'r nos. Fasai Andrew byth yn gwneud hynny i Menna. Ond dyna ni, basai hi'n siarad â phawb beth bynnag. Dydy Menna ddim mor pathetig â fi.

Ar ôl mynd i'r gwely, ceisiais i drafod ein perthynas.

'Siôn?'

'Ie.'

'Dw i'n meddwl y dylen ni siarad.'

'Am beth?'

'Ni. Ein perthynas.'

'O, ddim nawr, Blodwen, dw i wedi cael diwrnod hir a dw i jest moyn cysgu. Yn y bore . . .'

A dyna ni, roedd o'n chwyrnu'n syth. Mae hi rŵan awr yn ddiweddarach, a dw i'n methu cysgu o hyd. Dw i yn y gegin yn cael paned tra dw i'n sgwennu hwn, ac mae HRH yn llyfu fy wyneb. Mae hi'n gwybod pan dw i ddim yn hapus.

Ionawr 1af – nos Fawrth

Blwyddyn Newydd Dda. Mi fuon ni yn y George eto neithiwr. Yr un hen wynebau, yr un hen sgwrs, dim ond bod pawb yn gwisgo hetiau gwirion ac wedi meddwi mwy nag arfer.

Dydy Siôn a fi ddim wedi trafod ein perthynas ni eto. Dw i'n ceisio, ond dydy'r amser byth yn iawn. Mae o wastad yn rhy brysur/wedi blino/yn ceisio gwylio'r pêl-droed/rhaglenni *National Geographic*.

Addunedau Blwyddyn Newydd:
1. **Colli pwysau**. Efallai ymuno â *Weight Watchers*.
2. Peidio â hyd yn oed edrych ar y stondin *Pick 'n Mix*.
3. Ymarfer corff. Ymuno â'r **gampfa** yn y **Ganolfan Hamdden**.
4. Gwneud i Siôn drafod ein perthynas.
5. Gorffen darllen *Seren Wen*.
6. Dysgu rhywbeth newydd – dw i ddim yn siŵr iawn beth. Iaith newydd fel Eidaleg efallai? Ond basai hynny'n drysu fy Nghymraeg. Paentio? Neu *cross-stitch* efallai.
7. **Cynilo** arian er mwyn gallu mynd ar wyliau i rywle braf.
8. Peidio â gwasgu fy mhlorod.

addunedau – *resolutions*	**canolfan hamdden** – *leisure centre*
colli pwysau – *to lose weight*	
campfa – *gym*	**cynilo** – *to save (money)*

9. Cael trefn ar yr ardd.
10. Dw i'n methu meddwl am un arall.

Dw i'n edrych ymlaen at fynd 'nôl i'r gwaith fory.

Ionawr 2il – nos Fercher

Roedd hi'n braf gweld pawb eto – hyd yn oed Gwen.
'*Happy New Year*,' meddai.
'A Blwyddyn Newydd Dda i chi hefyd,' atebais i.
'*O yes, sorry*,' meddai, '*that's one of my New Year's resolutions: to speak Welsh to you.*' Edrychais i arni hi. Edrychodd hi arna i. Ond doedd hi ddim yn sylweddoli pam fy mod i'n edrych yn wirion arni hi. '*But I'll carry on in English if you prefer*,' meddai wedyn.
'Na, bydd Cymraeg yn iawn, diolch.'
'*That's alright then.*'
Dw i ddim yn siŵr a ydy Gwen ar yr un **blaned** â phawb arall.
Heno, pan gyrhaeddodd Siôn yn ôl, dywedodd o bod rhai o'i ffrindiau gwylio adar wedi gofyn oedd o isio mynd ar daith efo nhw i Sbaen.
'Neis iawn,' meddwn i, 'pryd?'
'Dydd Sadwrn,' meddai.
'Beth? Dydd Sadwrn yma?!'
'Ie. Pam? Oes problem?'
'Ym . . . na.'

---

planed – *planet*

Ac mae'n wir, does dim problem. Bydda i'n falch o gael y tŷ i mi fy hun eto. Jest fi a HRH, fel yr hen amser.

Ionawr 5ed – dydd Sadwrn

Mae Siôn newydd fynd. Daeth ei ffrindiau i'w nôl o mewn hen Volvo Estate mawr. Tri dyn, a llawer o fagiau. Roedd un o'r dynion yn debyg iawn i Bill Oddie – bach, blêr a blewog. Roedd un arall yn dal a thenau a thawel iawn, ac roedd y trydydd yn chwerthin drwy'r amser. Chwerthin gormod, a dweud y gwir. Ar ôl pum munud, roedd o'n mynd ar fy nerfau i. Ro'n nhw i gyd yn mynd ar fy nerfau i.

Pan mae Siôn yng nghwmni beirdd, maen nhw'n sôn am bethau fel **goben** a **phroest** a dw i ddim yn deall gair. Pan mae o yng nghwmni adarwyr, maen nhw'n sôn am *bitterns* a *buntings* a *blue-faced boobies*, a dw i'n deall llai fyth.

Dw i am wylio ffilm heno: *Crouching Dragon, Hidden Tiger*. Neu efallai *Crouching Tiger, Hidden Dragon* ydy o. *Whatever.*

Ionawr 6ed – bore Sul

Roedd y ffilm yn wych. Dyna beth ydy cariad, nid y berthynas wag sydd gan Siôn a fi. Dw i isio i ddyn cyhyrog ar gefn ceffyl garu'n wyllt efo fi ar ben mynydd, nid 'wham bam, diolch Blod, dw i'n mynd i wylio **tylluanod**.'

---

goben – *penultimate syllable*   **tylluan(od)** – *owl(s)*
proest – *partial rhyme*

74

Nos Sul

Ffoniodd Andrew am chwech, wedi cael amser da iawn. Roedd o a Menna yn meddwl mynd i'r George am dro – o'n i a Siôn isio dod? Eglurais i fod Siôn yn Sbaen felly byddwn i'n aros adre. A bod yn onest, roedd gen i ofn gweld Andrew eto ar ôl y briodas.

'Paid â bod yn wirion!' meddai Andrew. 'Dan ni'n dod i nôl ti rŵan!'

A daethon nhw i fy nôl i. Roedd y ddau yn frown ac yn edrych yn iach a hapus. Ond roedd Andrew wedi llosgi ei glustiau yn yr haul, felly ro'n nhw'n **pilio** braidd, ond roedd o'n dal i edrych yn olygus.

'Wyt ti isio gweld y lluniau?' gofynnodd Andrew pan gyrhaeddon ni'r George. Do'n i ddim isio eu gweld nhw o gwbl, ond mae hi'n anodd gwrthod Andrew. Roedd hi'n anodd cau ei geg o hefyd:

'Dyma ni ar y traeth, dyma ni yn snorclo – fi ydy'r un yn y fflipers melyn, dyma Menna yn dawnsio *reggae* efo un o'r dynion lleol, a dyma nhw eto, a dyma Menna'n yfed *rum punch* gyda – beth oedd ei enw o, Menna? Ie, Anthony, a dyma fy nhraed i yn y tywod, a dyma'r ferch oedd yn glanhau ein stafell ni, a . . .'

Doedd dim stop arno fo.

'Mae Menna isio mynd 'nôl cyn gynted â phosib on'dwyt ti, Mens?' gwenodd Andrew.

'Ydw, mae'n lle gwych, Blodwen, a phobl hyfryd. Faset ti wrth dy fodd yno. Ac mae'r dynion yn . . . wel!'

---

pilio – *to peel*

Mae'n siŵr. Ond dw i ddim yn gallu fforddio mynd i Barbados. Fydd Siôn ddim chwaith, ar ôl y trip gwylio adar yna.

Cawson ni noson braf, a dw i'n falch bod Andrew yn ôl, a dw i'n meddwl ein bod ni'n gallu aros yn ffrindiau, (beth ydy *despite?* – er gwaetha) er gwaetha beth ddywedodd o noson y briodas.

O, a fuon ni'n chwerthin nes o'n ni'n sâl. (Dyna beth maen nhw'n ei ddweud yn Gymraeg.) Mae o'n swnio'n boenus iawn yn Saesneg – '*We laughed until we were sick . . .*' Roedd rhai o'r ffermwyr lleol yn y bar yn **canmol** Andrew am ddysgu Cymraeg mor dda. Dw i ddim yn siŵr pam na wnaethon nhw fy nghanmol i, ond dyna fo. Beth bynnag, gofynnodd un oedd priodi Cymraes wedi bod o gymorth i Andrew i ddysgu'r iaith.

'O ydy,' cytunodd o, 'oherwydd ei bod hi'n fy **nghyweirio** i o hyd.'

Edrychodd y ffermwyr arno fo am eiliad, yna chwerthin dros y lle. Roedd Menna hefyd yn chwerthin gymaint, disgynnodd hi oddi ar ei stôl. Doedd Andrew na fi ddim yn deall pam.

'Beth sydd mor ddigri? Beth ddywedais i?' gofynnodd Andrew.

'Andrew bach,' meddai Wil Tan y Fron, 'mae 'na wahaniaeth mawr rhwng cyweirio a chywiro . . .'

'A dw i ddim yn meddwl y baset ti'n rhy hapus tasai Menna'n dy gyweirio di . . .!' gwenodd Alwyn Cae Du.

Chwarddodd pawb eto.

---

canmol – *to praise*   cyweirio – *to castrate*

'Dw i ddim yn deall,' meddai Andrew mewn **penbleth**.
'Beth ydy cyweirio?'

'Dw i ddim yn siŵr be ydy o yn Saesneg,' meddai Wil.
'Rhown ni o fel hyn, baset ti'n canu soprano wedyn . . .'

Roedd pawb yn crio chwerthin rŵan ac, yn sydyn,
sylweddolodd Andrew beth oedd ystyr 'cyweirio'. Andrew
druan. Aeth o'n goch i gyd, ond mi fuodd o'n chwerthin
wedyn am hanner awr. Roedd o'n dal i chwerthin ar y
ffordd adre.

A dw i ddim wedi chwerthin fel yna ers amser hir.

Ionawr 8fed – nos Fawrth

Ro'n i wedi meddwl ymuno â *Weight Watchers* heno, ond
daeth Andrew i fy ngweld i.

'Ro'n i'n meddwl y baset ti'n unig,' eglurodd o.

'Nac ydw, dw i'n mwynhau fy cwmni fy hun,' atebais i.

'Fy nghwmni,' meddai Andrew.

'Wel, ie, a cwmni ti.'

'Na, dylet ti ddweud "fy nghwmni fy hun", nid "fy
cwmni". *It mutates.* A "dy gwmni di", nid "cwmni ti." '

'O, ie, wrth gwrs, diolch – am fy nghyweirio i . . .'
meddwn i gyda gwên.

'Paid â dechrau!'

'Mae'n ddrwg gen i.'

'Rwyt ti wedi blino,' meddai Andrew ar ôl edrych arna
i'n ofalus.

---

penbleth – *confusion*

'Ydw, braidd. Gyrru'r fan newydd . . . dw i mor – beth ydy *tense*?'

'*God knows.* Tyn? Efallai. Wyt ti isio *massage*?'

'Andrew . . .'

'Na, dw i o ddifri, dy ysgwyddau di . . . tyrd. Pum munud bach. Eistedda fan hyn.'

Ac yna, ro'n i'n eistedd ar y gadair ac roedd Andrew yn – beth ydy *to massage*? – yn tylino f'ysgwyddau i. Roedd o'n fendigedig. Ro'n i'n teimlo fel hedfan.

'Gwell rŵan?' gwenodd Andrew, ar ôl pum munud o **nefoedd**.

'Ydw diolch, llawer gwell,' gwenais i. Ond ro'n i wedi cochi ychydig bach.

Ro'n i wedi ei fwynhau o llawer gormod. Gwnes i baned i ni a buon ni'n siarad am amser hir am bopeth, ac yna aeth o adre.

Dydy Siôn erioed wedi tylino f'ysgwyddau i.

Ionawr 9fed – nos Fercher

Es i i'r wers Gymraeg heno. Roedd Andrew wedi dod â'r gitar efo fo.

'Gwers wahanol heno,' meddai Menna, 'dan ni'n mynd i ganu!'

'O na, nid mwy o "Ffaldi raldi do dos" eto,' ochneidiodd Brenda.

'Na, caneuon y dylai pob Cymro a Chymraes allu

---

nefoedd – *heaven*

eu canu,' meddai Menna, gan roi taflenni i bawb, 'rhai Dafydd Iwan. Ac i ddechrau, dyma fy ffefryn i: "Pam fod eira'n wyn". *"Why is snow white".*'

'Why is Snow White what?' gofynnodd Bob.

'Darllenwch y geiriau,' meddai Menna, 'a gwrandewch ar y gân . . .'

Gwrandawodd pawb ar Dafydd Iwan yn canu, gan ddilyn y geiriau ar y daflen:

Pan fydd haul ar y mynydd,
Pan fydd gwynt ar y môr,
Pan fydd blodau ar y **perthi**,
A'r goedwig yn gôr;
Pan fydd **dagrau f'anwylyd**
Fel **gwlith** ar y **gwawn**,
Rwy'n gwybod, bryd hynny,
Mai hyn sydd yn iawn –

Rwy'n gwybod beth yw **rhyddid**,
Rwy'n gwybod beth yw'r **gwir**,
Rwy'n gwybod beth yw cariad
At bobol ac at dir;
Felly peidiwch â gofyn eich cwestiynau dwl,
Peidiwch edrych arna i mor syn;
Dim ond ffŵl sydd yn gofyn
Pam fod eira'n wyn.

---

perthi – *hedges*	**gwawn** – *gossamer, cobwebs*
dagrau – *tears*	**rhyddid** – *freedom*
f'anwylyd – *my dear*	**gwir** – *truth*
gwlith – *dew*	

Stopiodd Menna y gân.

'Dach chi'n deall ystyr "Pam fod eira'n wyn?" rŵan,' gofynnodd hi.

Edrychodd pawb arni hi mewn penbleth.

'Na? Iawn, efallai y bydd y **penillion** nesa'n help i chi.' A phwysodd hi'r botwm eto.

Pan fydd geiriau fy **nghyfeillion**
Yn felys fel y gwin,
A'r **seiniau mwyn, cynefin**,
Yn dawnsio ar eu **min**;
Pan fydd **nodau** hen **alaw**
Yn lleddfu fy **nghlyw**,
Rwy'n gwybod beth yw perthyn
Ac rwy'n gwybod beth yw byw!
(**Cytgan**)

Pan welaf **graith** y **glöwr**,
A'r **gwaed** ar y **garreg las**,
Pan welaf lle bu'r **tyddynnwr**
Yn **cribo**'r gwair i'w **das**;

penillion – *verse (of poetry)*	**cytgan** – *chorus*
cyfaill (cyfeillion) – *friend(s)*	**craith** – *scar, wound*
seiniau mwyn, cynefin – *familiar gentle sounds*	**glöwr** – *miner*
	gwaed – *blood*
min – *lip, mouth*	**carreg las** – *slate*
nodau – *notes*	**tyddynnwr** – *smallholder, crofter*
alaw – *melody*	**cribo** – *to rake*
clyw – *hearing*	**tas** – *haystack*

Pan welaf bren y **gorthrwm**
Am wddf y bachgen tlawd,
Rwy'n gwybod bod rhaid i minnau
Sefyll dros fy mrawd.
(Cytgan eto)

'Wel?' gofynnodd Menna, 'unrhyw syniad?'

'Beth ydy "fel gwlith ar y gwawn"?' gofynnodd Michelle.

'Awn ni dros yr eirfa'n fwy manwl – *in detail* – wedyn,' meddai Menna, 'dach chi wedi deall **yn fras?**'

Nodiodd pawb – gan gynnwys Bob. Mae hi'n anodd **cyfadde** nad ydych chi wedi deall pan mae pawb arall yn dweud eu bod nhw'n deall.

'Ym . . .' meddai Roy, 'mae'n sôn am bethau'n gwneud bywyd yn – *worth living?*'

'Yn werth ei fyw . . . ydy,' cytunodd Menna.

'Ie, pethau hapus a phethau trist,' meddai Jean.

'Trist? Lle?' gofynnodd Andrew.

'. . . dagrau f'anwylyd,' meddai Jean.

'Ond weithiau rwyt ti'n crio pan wyt ti'n hapus,' meddai Andrew.

'Pethau sy'n ei **gyffwrdd** o ydan nhw,' meddai Brenda.

'Dw i'n meddwl bod y darn: "Rwy'n gwybod beth yw cariad at bobol ac at dir" yn bwysig,' awgrymais i (gan gofio bod Dafydd Iwan wedi bod yn y **carchar** dros yr iaith).

gorthrwm – *oppression*	**cyffwrdd** – *to touch*
yn fras – *roughly*	**carchar** – *prison*
cyfadde – *to admit*	

'Eitha posib,' meddai Menna, 'ond pam "dim ond ffŵl sydd yn gofyn pam fod eira'n wyn"?'

Aeth pawb yn dawel eto.

'Esgusodwch fi,' meddai Bob, 'mae o'n cwestiwn dwl – mae eira'n wyn achos mae eira'n wyn. Mae Dafydd Iwan yn Dafydd Iwan achos mae o'n Dafydd Iwan.'

Edrychodd pawb yn hurt arno fo.

'*I am what I am*,' **ychwanegodd** o.

'O, dw i'n gweld,' meddai Roy, 'mae'r pethau hyn yn bwysig iddo fo – a dyna fo, peidiwch â gofyn pam.'

'Dyma pam dw i'n canu a phrotestio ac yn y blaen!' meddai Michelle.

'Ti wedi cael o . . .' gwenodd Bob.

'Da iawn, Bob,' meddai Menna.

'Dw i'n deall yn well *than* dw i'n siarad,' meddai Bob yn swil.

Wedyn buon ni'n canu, a dw i'n meddwl fy mod i'n – beth ydy *memorize?* – gwybod y gân **ar fy nghof** rŵan. Dywedais i hyn wrth Andrew wedyn.

'Bydda i'n gallu canu efo pawb arall mewn cyngerdd Dafydd Iwan rŵan!' meddwn i.

'Dw i ddim yn meddwl,' meddai. 'Mae o wedi rhoi'r gorau i wneud **cyngherddau.**'

Typical. Dw i'n rhy hwyr eto, meddyliais i.

'Na, mae o'n dweud hynna, ond mae o'n dal i ganu!' meddai Menna. 'Mae gobaith o hyd.'

---

ychwanegu – *to add*
ar fy nghof – *memorize (lit. on my memory)*

cyngerdd (cyngherddau) – *concert(s)*

Aethon ni i gyd i'r George wedyn, a ches i noson dda iawn. Dywedais i wrth Andrew ei fod o'n dda iawn ar y gitâr.

'Diolch. Dw i wedi bod yn ymarfer,' meddai. 'Mae gen ti lais canu tlws iawn hefyd.'

'Diolch.' Wedyn edrychon ni ar ein gilydd, ac es i'n binc. Aeth o'n binc hefyd. Roedd yn **deimlad** rhyfedd iawn.

Roedd Menna braidd yn rhyfedd hefyd. Doedd hi ddim yn siarad llawer ag Andrew yn y George, dim ond yn tecstio ar ei ffôn symudol bob munud, ac yn giglan. A sôn am ffôn – dw i ddim wedi clywed gair gan Siôn eto.

Dywedodd Bob bod tiwtor y **dechreuwyr** wedi **gwella**, felly heno oedd ei wers ola efo ni. Byddwn ni i gyd yn gweld isio Bob.

Ionawr 11eg – nos Wener

Mae Siôn yn cyrraedd 'nôl fory. Dw i ddim yn edrych ymlaen at hynny. Mae HRH a fi wedi bod yn hapus iawn hebddo fo. Mae hi wedi bod yn braf iawn cael y gwely i gyd i mi fy hun – a'r teledu, a'r soffa, a'r oergell.

---

teimlad – *feeling* **gwella** – *to improve*
dechreuwyr – *beginners*

Ionawr 12fed – nos Sadwrn

Ffoniodd Siôn yn y prynhawn – roedd o'n mynd i aros noson yn Leeds gyda'i ffrindiau. Iawn. Dim problem. Ffoniodd Andrew hanner awr yn hwyrach, i weld o'n i isio mynd i weld ffilm yn Llandudno. Dim problem! Ond pan gyrhaeddodd o yn y car, doedd Menna ddim efo fo.

'Roedd hi isio aros i mewn,' meddai.

Felly cawson ni noson braf iawn, dim ond Andrew a fi, ac roedd y ffilm yn wych.

Ionawr 17eg – nos Iau

Dw i wedi bod yn rhy flin i sgwennu tan heno. Daeth Siôn 'nôl yn hwyr nos Sul, a dan ni wedi bod yn mynd ar nerfau ein gilydd yn fwy nag erioed. Y peth cynta a ddywedodd o wrtha i oedd:

'Dwyt ti ddim wedi ymuno â *Weight Watchers* eto, dw i'n gweld . . .'

Mae hi'n oer ac mae hi wedi bod yn bwrw glaw drwy'r amser.

O ie, a ches i brofiad ofnadwy neithiwr. Roedd Menna wedi **sylwi** nad oedd Mike Williams wedi bod yn y dosbarth ers y Nadolig.

'Ond mae o wedi talu'r ffi llawn,' meddai.

'Efallai ei fod o'n sâl?' meddai Jean. 'Dylen ni ofyn, rhag ofn.'

---

sylwi – *to notice*

Fi ydy'r **ysgrifenyddes** eleni, felly fi oedd yn gorfod ei ffonio fo. Felly, ar ddiwedd y wers, gan fod fy ffôn symudol gen i, dyna beth wnes i. Dynes atebodd y ffôn.

'Helô, ydy Mike Williams yna os gwelwch yn dda?'

'Mike? *No. Who's speaking?*'

'Blodwen Jones, *on behalf of the Welsh class he enrolled with.*'

'*Yeah? What d'you want?*'

'*Well, we were wondering where he was.*'

'*What you on about? He's with you.*'

'*With us? No, I'm afraid he's not. We haven't seen him for a while, now.*'

'*Uh? But he goes to Welsh classes every Wednesday night. Dead keen he is. There for hours.*'

'*Every –?* Oh. Um . . .' O diar. Ro'n i'n dechrau chwysu.

'*You mean the sod's been lying to me?!*'

'*I . . . I honestly couldn't say . . . maybe he's joined another class or –*'

'*The sly little git! I thought I could smell perfume on him! He's with that bloody tart again, isn't he! I'll kill him!*'

Llwyddais i i ddod oddi ar y ffôn, ond ro'n i'n crynu ac ro'n i isio bod yn sâl. Ond roedd gweddill y dosbarth wedi bod yn gwrando, ac ro'n nhw i gyd yn chwerthin.

'*Nice one Blodwen,*' meddai Brenda, '*you marriage breaker!*'

Doedd hynny ddim yn ddigri o gwbl.

---

ysgrifenyddes – *secretary (female)*

Ionawr 18fed – nos Wener

Mae Siôn yn mynd i wylio adar eto fory. Ofynnodd o ddim o'n i isio dod. Ond mae Andrew wedi gofyn ydw i isio mynd i Bortmeirion efo fo a Menna. Dw i wedi cytuno. Dw i erioed wedi bod yno o'r blaen.

Ionawr 19eg – nos Sadwrn

Dw i newydd ddod 'nôl. Diwrnod hyfryd. Roedd hi'n oer, ond roedd yr awyr yn las, ac mae Portmeirion yn fendigedig. A doedd Menna ddim yno.

'Wedi cael bỳg,' meddai Andrew, 'ond roedd hi'n . . . insisto . . .'

'**Mynnu?**'

'Ie, roedd hi'n mynnu ein bod ni'n dau'n mynd beth bynnag. Roedd hi isio llonydd i fod yn sâl, meddai hi.'

'Ie, mae hynny'n well weithiau.'

Cawson ni fwyd anhygoel (a phwdin) yn y gwesty, mi fuon ni am dro yn y coed, ac ar hyd yr afon. Dw i wedi syrthio mewn cariad. Mae'r lle yn **baradwys**. Diwrnod gwych, ac mae Andrew yn gwneud i mi chwerthin, ac yn gwneud i mi deimlo'n dda. Pan o'n ni'n dewis pwdin, dywedais i:

'Ddylwn i ddim. Dw i'n rhy dew'n barod . . .'

'Be! Paid â bod yn wirion! Rwyt ti'n berffaith fel wyt ti!'

A rhywsut, ro'n i'n gwybod ei fod o'n ei feddwl o.

---

mynnu – *to insist*   **paradwys** – *paradise*

Yn hwyrach

Mae Andrew newydd fy ffonio.

'Dw i newydd gyrraedd y tŷ,' meddai, 'ac mae Menna wedi mynd.'

'Beth rwyt ti'n feddwl, wedi mynd?'

'Wedi mynd. Ei dillad, ei phethau hi i gyd. Ac mae hi wedi gadael nodyn . . . mae hi wedi mynd i Barbados – at Anthony.'

'Pwy?'

'Y dyn roedd hi'n dawnsio efo fo drwy'r amser ar ein mis mêl ni! Roedd y bitsh yn cael affêr efo fo AR EIN MIS MÊL NI!!!'

Roedd o'n swnio'n *hysterical*. Dw i'n mynd draw i'r tŷ rŵan, cyn iddo fo wneud rhywbeth gwirion.

Ionawr 20fed – nos Sul

O diar. O diar o diar o diar. Pan gyrhaeddais i'r tŷ, roedd Andrew'n eistedd ar lawr y gegin yn crio. Roedd darnau o blatiau, cwpanau a photeli **wedi malu** dros y lle i gyd, ac roedd Andrew'n eistedd mewn pwll o lefrith, sos coch a choffi. Do'n i ddim yn siŵr iawn beth i'w wneud i ddechrau. Ond wedyn es i i eistedd ar y llawr efo fo a gafael yn dynn ynddo fo. A buon ni'n dau'n crio am amser hir.

Wedyn, aeth o i gael cawod tra fy mod i'n glanhau'r gegin. Des i o hyd i nodyn Menna ynghanol y llanast.

---

wedi malu – *broken*

Andrew,

Dydy ein perthynas ni byth yn mynd i weithio. Mae Anthony a fi mewn cariad a dw i wedi dal awyren i Barbados y prynhawn 'ma. Does dim pwynt i ti geisio fy **nilyn**. Dw i wedi trefnu popeth: bydd Mam yn dod i nôl fy nodrefn i a hanner yr anrhegion priodas yr wythnos nesa, a bydd tiwtor arall ar gyfer y dosbarth Cymraeg.

Mae'n ddrwg gen i dy frifo, ond mae'n well sylweddoli camgymeriad yn hwyr nag yn hwyrach.

Pob lwc,

Menna.

O.N. Bydd cyfreithiwr yn cysylltu â ti cyn hir i drefnu'r ysgariad a fy siâr i o'r tŷ.

Taflais i o yn y bin. Yr hen fuwch **ddideimlad**! Ond nid dyma'r tro cynta iddi hi newid ei meddwl yn sydyn. Roedd hi i fod i briodi rhywun arall cyn iddi hi gyfarfod ag Andrew, wedi'r cwbl. Ro'n i'n teimlo dros Anthony'n barod.

Pan ddaeth Andrew allan o'r gawod, roedd o'n edrych fel hogyn bach. Gafaelais i ynddo fo eto, a gwasgodd o fi'n dynn.

'Paid â fy ngadael i ar fy mhen fy hun heno, Blodwen,' meddai, 'dw i ddim isio bod ar fy mhen fy hun.'

---

dilyn – *to follow*　　　　　　**dideimlad** – *unfeeling, inconsiderate*

Felly arhosais i efo fo. Ffoniais i'r tŷ i ddweud wrth Siôn – ond doedd dim ateb.

Pan ddeffrais i'r bore 'ma, do'n i ddim yn siŵr lle ro'n i i ddechrau. Wedyn gwelais i wyneb Andrew **wrth fy ymyl** ar y gwely. Ro'n ni'n dau'n dal yn ein dillad, ac yn dal i **afael dwylo**. Edrychais i arno fo am hir, do'n i ddim yn siŵr beth i'w wneud. Yna agorodd o ei lygaid.

'Paid â mynd,' meddai. 'Aros efo fi. Dwyt ti ddim yn caru Siôn.'

Fues i'n meddwl am hyn am amser hir. Dw i ddim yn siŵr ydw i'n caru Siôn, ond dw i ddim yn siŵr ydw i'n caru Andrew chwaith. Dw i ddim isio bod efo neb ar y *rebound*. A dw i ddim yn siŵr am y blacmel emosiynol chwaith. Dywedais i wrtho fo fod rhaid i mi fynd, ond gwnes i frecwast iddo fo'n gynta a ffoniais i Roy, i ofyn iddo fo ddod draw.

Des i adre, ac roedd Siôn yn gorwedd ar y soffa gyda HRH ar ei fol. Eglurais i ble ro'n i wedi bod a beth oedd wedi digwydd. Wedyn fuon ni'n siarad am amser hir, ac eglurais i fy nheimladau – ac am y tro cynta erioed, **penderfynodd** o wrando.

Dan ni wedi gorffen. Bydd o'n symud i fflat ym Mangor fory. A rŵan dw i'n mynd i fy ngwely (mae o'n cysgu ar y soffa). Mae gen i gur pen.

---

wrth fy ymyl – *by my side, next to me*

gafael dwylo – *to hold hands*

penderfynu – *to decide*

Ionawr 31ain – nos Iau

Mae Roy, Brenda, Jean a fi wedi bod yn gofalu am Andrew yn ein tro. Mae o wedi colli pwysau, ac mae o'n llwyd iawn. Dw i wedi bod yn gwneud swper iddo fo bob nos, ac mae Brenda wedi bod yn gwneud pethau fel **pwdin bara menyn**, ond dydy o ddim yn bwyta llawer ohono fo.

Dw i'n teimlo'n ofnadwy. A phan mae o'n edrych arna i efo'i lygaid *King Charles Spaniel*, dw i isio ei gofleidio fo. Dw i'n gwybod ei fod o isio hynny, ond dw i ddim mor siŵr. Mae'n rhy gynnar.

Dw i ddim wedi gweld Siôn o gwbl. Mae'n rhyfedd gweld sinc lân bob bore a drych heb smotiau past dannedd arno fo. Mae hefyd yn rhyfedd cysgu ar fy mhen fy hun. Roedd o'n braf i ddechrau, ond rŵan fy mod i'n gwybod na fydd o'n dod 'nôl, mae'r gwely'n teimlo mor wag. Ond dw i ddim yn siŵr a ydw i isio Andrew ynddo fo. Ond eto . . . dw i'n meddwl y byd ohono fo.

Dw i ar goll, braidd. Dw i angen gwyliau i glirio fy mhen. Mi weithiodd o i Shirley Valentine. Ond dw i ddim yn gallu fforddio mynd i **Wlad Groeg**, felly dw i'n meddwl mynd i Iwerddon am benwythnos hir pan ga i gyfle.

Chwefror 4ydd – nos Lun

Mi fues i yn nhŷ Andrew am y rhan fwya o'r penwythnos. Fues i'n glanhau, golchi ei ddillad ac yn y blaen, a rhoi

---

pwdin bara menyn – *bread and butter pudding* **Gwlad Groeg** – *Greece*

albwm lluniau'r briodas mewn bag plastig du o dan y wardrob. Wedyn fuon ni'n gwylio ffilmiau. A phan ddywedodd o 'Dw i'n ffansïo *pizza*,' ro'n i'n gwybod ei fod o'n dechrau gwella.

Dydy o ddim wedi sôn gair am ein perthynas ni wedyn, ond bob tro dw i'n mynd adre gyda'r nos, mae o'n edrych arna i fel tasai fo isio i mi aros. Dw i jest yn rhoi sws ar ei foch o ac yn mynd. Ond dw i'n cael fy nhemtio i aros fwy a mwy bob tro. Mae fy ngwely i mor oer.

Chwefror 5ed – bore Mawrth

Dw i mewn sioc. Ces i lythyr heddiw: dw i wedi ennill cystadleuaeth – pythefnos i ddau yn y Maldives! *YEEEES!!!* Mi fues i'n meddwl am y peth drwy'r bore, a dw i wedi gofyn i Andrew ddod efo fi. Mae o wedi cytuno wrth gwrs. Dan ni'n mynd mewn pythefnos. Bydd o'n **gwneud lles i**'r ddau ohonon ni. Ac os dan ni'n 'clicio', gwych! Pawb yn hapus eto. Ond cawn ni weld . . . dydy o ddim wedi fy ngweld i mewn bicini eto.

Mawrth 3ydd – nos Sul

Ar y ffordd adre yn yr awyren, ac Andrew'n cysgu'n sownd ar f'ysgwydd i.

Cawson ni amser gwych. Tywydd bendigedig, llawer o nofio, hwylio, snorclo, darllen a **thorheulo**. Dw i'n frown

---

gwneud lles i – *to do one good*   **torheulo** – *to sunbathe*

fel cneuen, dw i wedi colli hanner stôn (bues i'n sâl iawn ar ôl bwyta **cimwch**) a dw i wedi gorffen darllen *Seren Wen*. Dw i hefyd yn gwybod sut dw i'n teimlo am Andrew ac mae Andrew'n gwybod sut mae o'n teimlo amdana i. Byddwn ni bob amser yn ffrindiau agos, ond rhamant? Na, yn anffodus. Dw i'n gwybod bod ffrindiau'n syrthio mewn cariad mewn nofelau rhamantus, ond nid nofel ydy fy mywyd i, dim ond realiti wirion, **greulon** ac *illogical*. Beth ydy *illogical?* Does gen i ddim geiriadur. **Afresymol?** Beth bynnag, dw i wedi sylweddoli fy mod i'n colli Siôn yn ofnadwy, ond does dim pwynt, dydy o ddim mewn cariad efo fi. Felly mae Andrew'n caru Menna sydd mewn cariad efo Anthony, a dw i mewn cariad efo Siôn, ond dydy Siôn ddim mewn cariad efo fi. Mae bywyd yn hen ast.

Mawrth 4ydd – bore Llun

Hen ast ddywedais i? Hen ast hyll, gas, greulon! Pan es i i mewn i'r tŷ, roedd **neges** ar y peiriant ateb i mi gan Siôn – roedd o wedi ei gadael hi'r diwrnod es i i'r Maldives. Roedd o'n gweld f'isio i, roedd o'n fy ngharu i ac roedd o isio dechrau eto! Ond os nad o'n i'n ei ffonio fo mewn wythnos, basai fo'n deall fy mod i ddim isio fo 'nôl – ac felly basai fo'n mynd 'nôl i **Ynys Enlli**'n syth. Be! Do'n i ddim yn credu'r peth. Chwaraeais i'r neges drosodd

---

cimwch – *lobster*	**neges** – *message*
creulon – *cruel*	**Ynys Enlli** – *Bardsey Island*
afresymol – *unreasonable*	

a throsodd. Ie, dyna roedd o'n ei ddweud, ac os oedd o wedi gadael y neges y diwrnod es i i'r Maldives, roedd o yn Enlli ers wythnos!

Ffoniais i swyddfa **Ymddiriedolaeth** Enlli yn Aberdaron yn syth, ond ro'n nhw'n dweud bod y tywydd yn llawer rhy ddrwg i neb fynd i Enlli heddiw.

Felly ceisiais i ffonio'r ynys, ond roedd hi'n amhosib mynd trwodd. Doedd hi ddim yn deg, ro'n i isio dweud wrth Siôn fy mod i'n ei garu o!

Mawrth 5ed

Gwynt a glaw – dim cwch yn mynd i Enlli. Dydy hi ddim yn bosib mynd trwodd ar y ffôn chwaith.

Mawrth 6ed

Dim cwch o hyd. Na ffôn.

Mawrth 7fed

Dw i'n mynd i aros mewn pabell yn Aberdaron – rhag ofn bod y tywydd yn iawn am ychydig bach. Dw i wedi bod yn Tesco yn prynu pethau neis fel gwin a siocled. Bydd Siôn mor falch o fy ngweld i.

---

ymddiriedolaeth – *trust (institution)*

93

Mawrth 8fed – yr ail noson yn y babell

Dw i'n wlyb ac yn oer ac mae hyn yn wirion. Mae'r bobl yn y dafarn lle ces i swper neithiwr a heno'n dechrau meddwl fy mod i'n od iawn. Gwelais i fy hun yn y drych yn y tŷ bach – mae golwg wyllt iawn arna i. Os nad ydy'r tywydd yn iawn fory, dw i'n mynd adre. A dw i wedi bwyta'r siocled i gyd. Mae'r hanner stôn a gollais i yn y Maldives wedi dod 'nôl a dw i wedi dechrau pilio.

Mawrth 9fed – Goleudy Ynys Enlli

O'r diwedd! Roedd cwch yn mynd y bore 'ma, felly neidiais i arno fo'n syth. Mi wnes i ddod yn syth i'r **goleudy** ond dydy Siôn ddim yma. Dw i wedi bod yn eistedd yma ers awr yn disgwyl amdano fo, ond dw i'n dechrau cael **llond bol**. Dw i'n mynd allan i chwilio amdano fo. Alla i ddim diodde hyn. Mae'n rhaid i mi ei weld o.

Mawrth 10fed – Seithfed Nef

Mi fues i'n **crwydro**'r ynys am oriau. Roedd y niwl yn isel felly roedd hi'n anodd gweld dim. Fues i'n gweiddi, ond roedd y gwynt yn cario fy llais i Iwerddon yn syth. Ro'n i isio crio. Ro'n i'n gwybod ei fod o ar yr ynys rywle, ond do'n i ddim yn gallu dod o hyd iddo fo!

goleudy – *lighthouse*	**Seithfed Nef** – *Seventh Heaven*
llond bol – *(to have) a bellyful*	**crwydro** – *to wander*

Roedd fy nghoesau i'n brifo, ro'n i'n oer ac yn wlyb, ac ro'n i'n mynd i droi 'nôl am y goleudy pan **lithrais** i ar y clogwyn. Roedd y gwair mor wlyb, do'n i ddim yn gallu stopio, ro'n i'n llithro'n gynt ac yn gynt. Ro'n i'n gallu gweld fy hun yn cael fy malu'n rhacs ar y creigiau, a fy nghorff yn cael ei gario allan i'r môr, pan laniais i'n sydyn ar ben . . . rhywun.

'Awwwww!' daeth llais o dan fy nghefn/mhen-ôl/nghoes i.

'Siôn?'

'Blodwen?'

'Siôn!!'

'Dw i ddim yn credu hyn! Ro'n i **ar fin** tynnu llun o **grëyr y nos**!'

'Beth?'

'Crëyr y nos! Dw i erioed wedi gweld un o'r blaen! A nawr rwyt ti wedi ei ddychryn, ac mae wedi hedfan bant!'

'O. Mae'n ddrwg gen i.'

'Dwyt ti ddim yn newid dim, fenyw!'

Ro'n i bron â chrio. Doedd pethau ddim i fod i ddigwydd fel hyn. Ddim eto.

'Ie, wel,' meddai Siôn ar ôl edrych arna i. 'Ond dw i'n falch . . . dw i'n dy hoffi di fel wyt ti.'

Beth? Roedd o'n gwenu!

'Wyt ti?'

---

llithro – *to slip*

ar fin – *about to, on the point of*

crëyr y nos – *black-crowned night heron*

'Ydw. Hyd yn oed os wyt ti'n gwneud i mi **ddiodde** am wythnosau heb glywed gair.'

'Mi fedra i egluro hynny –'

'Does dim angen i ti. Rwyt ti 'ma nawr.'

'Ond beth am y crëyr?'

'**Stwffio fe!** Dere 'ma!'

Mae gweddill y sgwrs wedi ei sensro. Mater preifat rhwng Siôn a fi, ond ro'n ni'n dau'n gweld sêr ac yn clywed feiolins. Miloedd ohonyn nhw. Er gwaetha'r niwl. Ond y darn gorau oedd wedyn, yn y goleudy, pan o'n ni'n yfed y gwin coch. Ro'n i newydd dywallt tipyn o fy ngwin i dros ei lyfr adar newydd o, ac yn ceisio ei lanhau gyda fy **llawes**, ac yn disgwyl cael row arall.

'Blodwen?' meddai Siôn mewn llais rhyfedd.

'Ie – dw i'n gwybod . . . mae'n ddrwg gen i . . . ond mae o'n dod . . . edrych . . .'

'Anghofia fe . . .'

'Beth? Ond . . .'

'Blodwen, dyw e ddim yn bwysig.' Oedodd o, 'Ond mae hyn *yn* bwysig – wnei di fy mhriodi i?'

Ces i gymaint o sioc, tywalltais i'r gwydryn cyfan dros y llyfr. Do'n i ddim yn siŵr o'n i wedi clywed yn iawn, ond gofynnodd o'r un peth eto. Roedd o isio ateb, wrth gwrs, felly mi wnes i roi fy ateb iddo fo.

Does dim rhaid i mi ddweud beth oedd fy ateb i.

Dw i'n meddwl bod Blodwen Jones wedi gwneud y peth iawn o'r diwedd!

---

diodde – *to suffer*   **llawes** – *sleeve*

stwffio fe! – *stuff it!*

Geirfa

adara – *to hunt or catch birds*
adarwr (adarwyr) –
    birdwatcher(s)
addas – *appropriate*
addo – *to promise*
addunedau – *resolutions*
adrodd – *to recite*
aelod(au) – *member(s)*
afresymol – *unreasonable*
ailgyhoeddi – *to republish,*
    reprint
alaw – *melody*
allan ohoni – *out of it*
amaethyddol – *agricultural*
anghyffredin – *unusual,*
    uncommon
areithiau – *speeches*
ar fin – *about to, on the point of*
ar fy nghof – *memorize (lit. on*
    my memory)
ar hyd – *throughout*
ar wahân i – *apart from*
atgoffa – *to remind*
awr (oriau) – *hour(s)*
ayyb – *etc*

baglu – *to trip, to stumble*
bai – *fault, blame*

balch – *proud*
bant – *off, away*
bardd – *poet*
barddoniaeth – *poetry*
barf – *beard*
basgedaid – *basketful*
berfa – *wheelbarrow*
berwi – *to boil*
bradwr – *traitor*
brawddeg – *sentence*
breuddwydio – *to dream*
bwriad – *intention*
bythgofiadwy – *unforgettable*
bywyd – *life*

caethiwo – *to enslave*
call – *sensible*
campfa – *gym*
canllath – *hundred yards*
canmol – *to praise*
canolfan hamdden – *leisure*
    centre
cans – *because*
carchar – *prison*
carreg las – *slate*
cas gobennydd – *pillowcase*
cerdd – poem
Cernyw – *Cornwall*
cig – *meat*
cimwch – *lobster*
clogwyn – *cliff*

clyw – *hearing*
cnau – *nuts*
cochi – *to blush, to redden*
cofleidio – *to hug, to embrace*
colli pwysau – *to lose weight*
colur – *make-up*
corcyn – *cork*
corrach – *elf, dwarf*
craith – *scar, wound*
credu – *to believe*
creu – *to create*
creulon – *cruel*
crëyr y nos – *black-crowned night heron*
cribo – *to rake*
croesair – *crossword*
crwydro – *to wander*
crynu – *to shake, to shiver*
cuddfan – *hiding-place, hide*
cul – *narrow*
cwpla – *to finish (south Wales)*
cwt pren – *wooden hut, shed*
cwyno – *to complain*
cyfadde – *to admit*
cyfaill (cyfeillion) – *friend(s)*
cyfamser – *meantime*
cyfansoddi – *to compose*
cyfarch – *to greet*
cyffwrdd – *to touch*
cyfle – *opportunity, chance*
cyfreithlon – *lawful, legal*
cyfrinachol – *confidential*

cyhyrog – *muscular*
cylchgrawn – *magazine*
cyngerdd (cyngherddau) – *concert(s)*
cynghanedd – *strict Welsh poetry metre*
cynhyrfu – *to excite*
cynhyrfus – *exciting*
cynilo – *to save (money)*
cynllun(iau) – *plan(s)*
cynnal sgwrs – *to hold a conversation*
cynulleidfa – *audience*
cytgan – *chorus*
cytuno – *to agree*
cyweirio – *to castrate*

chwifio – *to wave*
chwyddo – *to swell*
chwyn – *weeds*
chwyrnu – *to snore*

dagrau – *tears*
dan ei gwynt – *under her breath*
dawnsio gwerin – *folk dancing*
dechreuwyr – *beginners*
deialu – *to dial*
dianc – *to escape, to flee*

dideimlad – *unfeeling, inconsiderate*
diflannu – *to disappear*
digonedd – *plenty*
dilyn – *to follow*
dilyn y drefn – *to follow the rules*
diniwed – *innocent*
diodde – *to suffer*
drewi – *to stink*
drych – *mirror*
dryslyd – *confused*
dweud celwydd – *to tell a lie*
dweud y gwir – *to tell the truth*
dwl – *silly*
dwyn – *to steal*
dychryn – *to frighten*
dylanwad – *influence*
dyn priod – *married man*

egluro – *to explain*
emyn – *hymn*
englyn – *four-line verse in strict metre*
eryr – *eagle*
esmwyth – *smooth*
estyn fy llaw – *to reach out my hand*
euog – *guilty*

f'anwylyd – *my dear*

ffiaidd – *foul, abhorrent*
fforddio – *to afford*

gadael llonydd iddo/iddi – *to leave him/her alone*
gadawodd – *he/she left*
gafael dwylo – *to hold hands*
gafr – *goat*
garlleg – *garlic*
gast (yr ast) – *bitch*
glöwr – *miner*
goben – *penultimate syllable*
gog – *north Walian (slang)*
goleudy – *lighthouse*
golwg wyllt – *wild look*
golygu – *to mean, to signify*
gorfod – *to have to*
gorthrwm – *oppression*
gwaed – *blood*
gwaedu i farwolaeth – *to bleed to death*
gwaeth – *worse*
gwag – *empty*
gwahoddedigion – *invited guests*
gwallgof – *crazy*
gwas priodas – *best man (wedding)*

gwasgu – *to squeeze*
gwawn – *gossamer, cobwebs*
gwddw – *neck*
gweddill – *the rest*
gweddïo – *to pray*
gweiddi – *to shout*
gwella – *to improve*
gwenwynig – *poisonous*
gwgu – *to frown, to scowl*
gwichio – *to squeak, to squeal*
gwir – *truth*
Gwlad Groeg – *Greece*
gwlith – *dew*
gwlychu – *to get wet*
gwneud lles i – *to do one good*
gwrach – *witch*
gwrthod – *to refuse*
gwylan(od) – *seagull(s)*
gwylltio – *to lose one's temper*

haeddu – *to deserve*
hedd – *peace*
heliwr – *hunter*
helwyr – *hunters*
helynt – *trouble*
hoelen – *nail*
hogan – *girl (gogledd Cymru)*
hoyw – *gay*
hunanol – *selfish*
hurt – *stupid, foolish*
hwliganiaeth – *hooliganism*

hwntw – *south Walian (slang)*

i gyfeiriad – *to the direction of*

jòch – *draught, gulp, small amount (of liquid)*

lladd – *to kill*
llawes – *sleeve*
lleddfu – *to soothe, to alleviate*
llithrig – *slippery*
llithro – *to slip*
llogi – *to hire*
llond bol – *(to have) a bellyful*
llwyfan – *stage*
llyfrgellwyr – *librarians*
llysieuwr / llysieuwraig – *vegetarian (masc./fem.)*

maddau – *to forgive*
mainc (meinciau) – *bench(es)*
manylion – *details*
math – *kind, type*
mewn trefn – *in order*
milltir(oedd) – *mile(s)*
min – *lip, mouth*
minlliw – *lipstick*
morynion – *bridesmaids*

myfyriwr / myfyrwraig – *student (masc./fem.)*

mynnu – *to insist*

nefoedd – *heaven*

neges – *message*

neidr – *snake*

nerfau – *nerves*

niwed ecolegol – *ecological damage*

nodau – *notes*

noson farddol – *poetry evening*

nyth – *nest*

o ddifri – *seriously*

o'r blaen – *before*

o'r diwedd – *at last*

ochneidio – *to sigh*

oerfel – *cold(ness)*

offer gwylio adar – *birdwatching equipment*

ogof – *cave*

oriawr – *watch*

osgoi – *to avoid*

paid ti â meiddio – *don't you dare*

papur lapio – *wrapping paper*

paradwys – *paradise*

pecyn – *packet*

penbleth – *confusion*

penderfynol – *determined*

penderfynu – *to decide*

penillion – *verse (of poetry)*

perthi – *hedges*

perthynas – *relationship*

pilio – *to peel*

plaen – *plain, not good-looking*

planed – *planet*

plannu – *to plant*

ploryn (plorod) – *spot(s), pimple(s)*

polyn – *pole*

porfa – *grass*

pothell(i) – *blister(s)*

Prifardd – *Chief poet*

prin – *rare*

prinder – *shortage, scarcity*

priodas – *wedding, marriage*

priodferch – *bride*

proest – *partial rhyme*

protestio – *to protest*

pseudo-rwtshaidd – *pseudo-nonsensical*

pwdin bara menyn – *bread and butter pudding*

pwy a ŵyr – *who knows*

rasal – *razor*

rheolau – *rules*
rhew – *ice*
rhoi'r gorau i – *to give up,*
   to stop
rhyddid – *freedom*
rhyfeddol – *extremely*
rhyw – *sex*
rhywiol – *sexy*
ruban – *ribbon*

saib – *pause*
saim – *fat*
sbienddrych – *binoculars*
seiniau mwyn, cynefin –
   familiar gentle sounds
Seithfed Nef – *Seventh Heaven*
sêr – *stars*
sgleinio – *to shine*
sgrechian – *to scream*
sgrin lydan – *widescreen*
sgwn i – *I wonder*
siafio – *to shave*
sibrwd – *to whisper*
sigledig – *unsteady (on one's feet)*
siop sglods – *fish and chip shop*
straen – *strain*
stwffio fe! – *stuff it!*
swnio – *to sound*
swyddogol – *official*
sylw – *attention*
sylweddoli – *to realise*

sylwi – *to notice*
syn – *astonished, amazed*

taflu – *to throw*
tas – *haystack*
tawelwch – *silence*
teimlad – *feeling*
tomennydd sbwriel –
   rubbish tips
torheulo – *to sunbathe*
tost – *ill (south Walian)*
trafferth – *trouble*
trefnus – *organised*
trefnydd – *organiser*
trin – *to treat*
trydanwr – *electrician*
twll – *hole*
twt-twtian – *to tut-tut*
tyddynnwr – *smallholder,*
   crofter
tyfa lan! – *grow up!*
tylluan(od) – *owl(s)*
tylwyth teg – *fairies*
tymer – *mood*
tymheredd – *temperature*
tynnu tafod ar – *to stick one's*
   tongue out at
tywallt – *to pour*

uned ddamweiniau – *accident unit*

uwch – *higher*

uwd – *porridge*

wedi malu – *broken*

wrth fy ymyl – *by my side, next to me*

wyddoch chi – *you know*

y noson o'r blaen – *the other night*

ychwanegu – *to add*

yffach – *mild swear word (lit. hell)*

ynganiad – *pronunciation*

ynganu – *to pronounce*

ymbincio – *to spruce oneself, to apply make-up*

ymddiheuro – *to apologise*

ymddiriedolaeth – *trust (institution)*

ymholiadau – *enquiries*

ymladd – *to fight*

ymosod ar – *to attack*

yn ddiweddarach – *later*

yn fras – *roughly*

yn y diwedd – *in the end*

Ynys Enlli – *Bardsey Island*

Ynys Lawd – *South Stack (a place near Holyhead famous for its birds)*

yr un – *the same*

ysgrifenyddes – *secretary*

ysgwyd – *to shake*